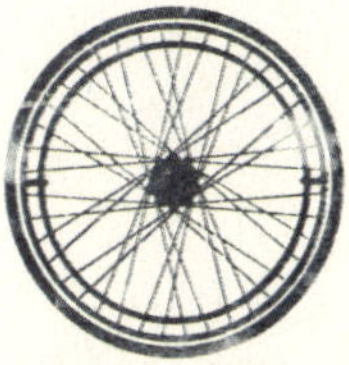

DON'T STOP!

Presented by Play Earth / Text by Ayumu Takahashi

はじめに

この本は、旅のドキュメントブックだ。

北海道に暮らす、車椅子の不良オヤジ、通称CAP(キャップ)。
CAPの母親、CAPの娘、そして、個性溢れる友人たち。
20代〜70代まで、凸凹な15人による、ファンキートリップ。

キャンピングカー2台とハーレー2台に分乗し、
アメリカ大陸4200キロを、10DAYSで駆け抜けた大冒険。

ロードムービーでも見るつもりで、好きな音楽でも聴きながら、
この旅日記を、ラフに楽しんでみてほしい。

まぁ、前置きはこのくらいにして。
さっそく、路上に出よう!

LET'S GO ON THE ROAD!

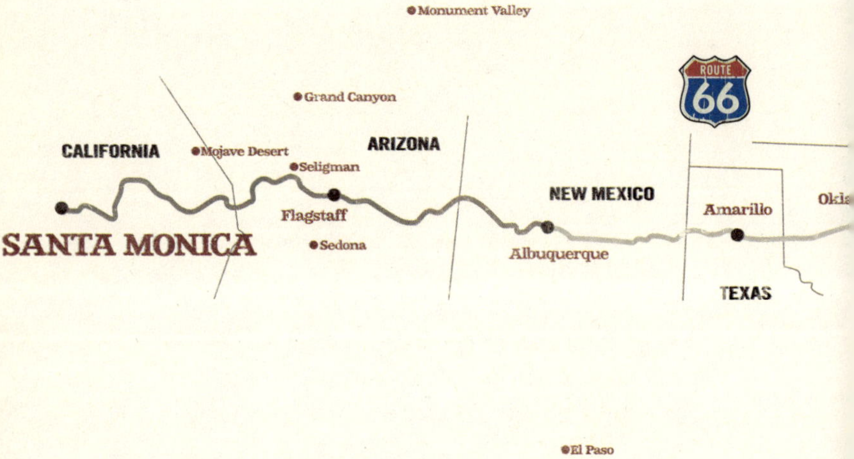
Monument Valley
ROUTE
66
Grand Canyon
CALIFORNIA
Mojave Desert
ARIZONA
Seligman
NEW MEXICO
Amarillo
Flagstaff
SANTA MONICA
Sedona
Albuquerque
TEXAS
El Paso

CONTENTS

OREGON
IDAHO
Boise
WYOMING
SOUTH DAKOTA
Pierre
Bismarck
St. Paul
WISCONSIN
Madison
MICHIGAN
Lansing
NEW YORK
Albany
Montpelier
PENNSYLVANIA
Harrisburg
Trenton
Dover
Annapolis
Richmond
VIRGINIA
WEST VIRGINIA
Charleston
Columbus
Indianapolis
ILLINOIS
Springfield
IOWA
Des Moines
NEBRASKA
Lincoln
Sacramento
Carson City
NEVADA
Salt Lake City
Cheyenne
Denver
UTAH
COLORADO
KANSAS
Topeka
MISSOURI
Jefferson City
Frankfort
KENTUCKY
Nashville
TENNESSEE
Raleigh
NORTH CAROLINA
SOUTH CAROLINA
Columbia
Atlanta
GEORGIA
CALIFORNIA
ARIZONA
Phoenix
Santa Fe
NEW MEXICO
Oklahoma City
OKLAHOMA
Little Rock
ARKANSAS
MISSISSIPPI
Jackson
Montgomery
LOUISIANA
Baton Rouge
TEXAS
Austin
Tallahassee
FLORIDA
ERS
Takizawa (CAP)
kizawa
kizawa
zawa
no
Takahashi
uhara
awabe
no
Kanda
& movie team -
ashi
Sugino (highrockfilm)
urakoshi
Miyazaki
Nakagawa
CAP's
OUTE
DON'T STOP!

PROLOGUE

旅の始まり

北海道の名寄に暮らす、車椅子の不良オヤジ、通称CAP（キャップ）。46歳。
世界を旅する作家、高橋歩。38歳。

2010年の初め。
このふたりの出逢いが、すべての始まりだった。

若い頃から、アメリカとバイクを愛し続けていたCAP。
10代から暴走族のリーダーとして暴れまわり、
20代は、トラックに乗り、愛するコカ・コーラの運送の仕事をしながら、
走り屋として数々のバイクレースに出場していたCAP。
CAPというあだ名は、伝説のロードムービー「イージー・ライダー」の主役、
キャプテン・アメリカからとられたものだ。

そして、26歳のとき。
不運な交通事故で、下半身と左腕の自由を失い、
車椅子での生活を強いられることになったCAP。

「いつか、アメリカに行きたい。ハーレーでルート66を走りたい。」
ガキの頃から描き続けていた夢は、一度も実現する機会を持たないまま、
彼の中で、現実味を失っていった。

しかし、アメリカとバイクへの強烈な想い。
CAPの心の中で燃えていた憧れの炎は、簡単に消えなかった。

26歳の事故から現在まで、約20年間。
一日の大半を、自宅のベッドで過ごす暮らしの中で、
部屋の壁には、大きな星条旗とコカ・コーラのポスターが貼られ、
ベッドの横には、使い込まれたボロボロの英語の辞書が置かれ、
毎日のように、映画「イージー・ライダー」を観ながら、
クラシックなロックンロールを聴きながら、
マルボロを吸い、コーラを飲み、バーボンを飲みながら、
それらが象徴するもの...
自由を求め続け、悶々とした日々を送っていたCAP。

CAPと同じく、若い頃から、アメリカとバイクを愛していた高橋歩。
映画「イージー・ライダー」に憧れてバイクを乗り回し、
映画「カクテル」に憧れて、アメリカンバーを始め、
ウディ・ガスリーやボブ・ディランなどの放浪詩人に憧れて、
アメリカへの旅を続けてきた。
現在も、ヒッピーさながら、家族でキャンピングカーに乗り、
世界中を放浪しながら、主に、旅作家として活動している高橋歩。

そして、偶然か必然か。
高橋歩も、CAPと同じく、20代の終わりに、バイクでの大事故を経験。
全身を複雑骨折、内臓の一部破裂で、意識不明の重体に陥り、
生死の境をさまよった末に回復、という過去を持っていた。

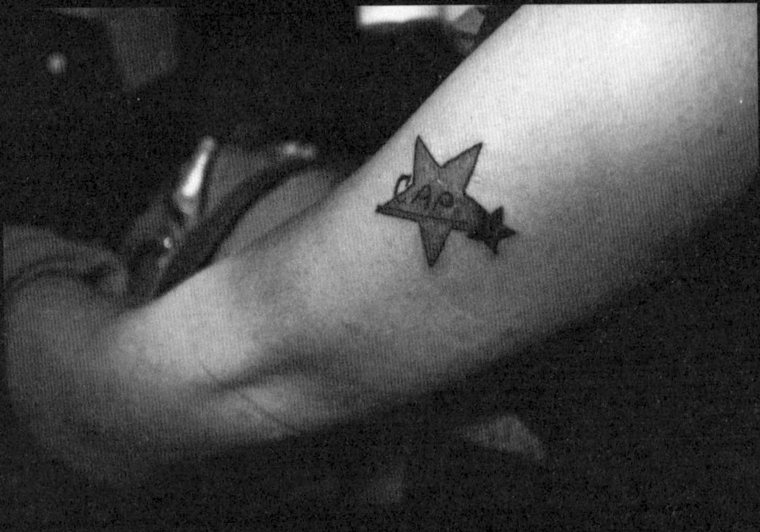

そんなふたりをつなげたのは、CAPの母親だった。

高橋歩が、トークライブ（講演）で北海道・名寄に立ち寄った際、
新聞広告でそれを知ったCAPの母親は、会場に駆けつけ、
高橋歩に熱い想いを語った。

母親の瞳を見た瞬間にピンときた、という高橋歩は、
急遽、トーク終了後に予定されていた打ち上げをキャンセルし、
その夜のうちに自宅を訪れ、車椅子のCAPと出逢った。

初対面のふたりではあるが、そこは、似た者同士。
バーボンを片手にアメリカの話で盛り上がり、すぐに意気投合。
CAPの夢を聞いたとき、高橋歩の心の中で、何かがハジけた。

車椅子での生活がどれだけ大変なのかは、正直、俺にはわからない。
でも、それを言い訳に、実現可能な夢をあきらめることねぇじゃん。
そんなに大好きなら、マジで一緒に行こうぜ、アメリカ！
でかいキャンピングカーで行けば、車椅子だって全然大丈夫だよ。
俺の仲間も、きっと一緒に来てくれるから、みんなで面倒見るしさ。
もちろん、ハーレーも借りてさ、出来る範囲で、乗ってみたらいいじゃん。
キャンピングカー＆ハーレーで、アメリカのルート66をかっ飛ばそうぜ！

「うん、うん、うん。行きたい。まさに、それは、オレの夢だ。」
嬉しそうに、ニヤニヤしているCAP。

「わぁ、それはすごいわね！ でも、本当に行けるかしらね？ 歩さんも忙しいだろうし、そんなに暇な時間もないでしょう？」
半信半疑ながらも、喜びを隠せないCAPの母親。

その夜をきっかけに、この旅は始まった。

「車椅子の不良オヤジと一緒にアメリカ旅するんだけど、一緒に行かねぇ?」

高橋歩のそんな呼びかけで、旅好きなジャイアンたちが、続々と集まった。
バハマで、ドルフィンスウィムツアーを主催している元ヤンキー、ケンタロウ。
世界中で、レストランバーを経営しているマッチョな釣り人、ゆういち。
家電からビルまで、国を問わず、何でも売ってるエッチな商人、ダイちゃん。
北海道で、様々な会社を経営する元走り屋の情熱社長、かんちゃん。

旅に出るのに、難しい理由などなかった。
「面白そうじゃん。行く、行く!」
みんな、それだけ。

そして、「せっかくだから、わたしたちも、いいかしらね?」ってことで、
CAPの母親、母親の幼なじみである洋ちゃん、70代コンビの参加も決定。

さらに、「下の世話とか、初めての人にはいろいろ難しいこともあると思うので、身の回りの世話係として、わたしたちも行きます。」ってことで、20代のCAPの娘さんふたりの参加も決定。

さらに、高橋歩の友人であり、映画監督であるケンちゃんが、偶然、ハワイで、この旅の話を聞き、シャウト!

「その旅、サイコーだね! もし可能ならば、ぜひ、ドキュメント映画にしたい! どうかな? 撮影隊の同行は、さすがに難しいかな?」

「うーん、撮影かぁ。こういう世の中だし、心ない奴らに障害者をウリモノにしてうんぬんとか言われると、さすがに面倒だな。まぁ、すべては、CAP次第だ。もし、CAP本人が望むならば、俺は構わないぜ。」という高橋歩の話を受け、北海道のCAPの自宅に飛んでいったケンちゃん。

お母さんや兄妹を交え、CAPに直接、話してみたところ...

「オレが映画や本に出る? うん、ヒーローみたいでいいねぇ。ぜひ、ぜひ。」

ってことで、あれ?ってズッコケちゃうくらい、あっさりとCAPがオッケー!

そんなわけで、撮影隊の同行も決定した。

旅のコースについて、明確なプランは何もなかった。
みんなのスケジュールを考慮して、10日間ぐらいの旅で。
現地で、でかいキャンピングカー２台とハーレー２台をレンタルして、CAPの愛するルート66を中心に爆走。
途中、楽しそうなところに寄りながら、すべては、そのときの気分次第で走って、ラストは、ルート66の最終地点であるロスのサンタモニカでゴールしよう。
決まっていたのは、そのくらい。

「みんな、仕事を休んで、うちの息子のためにわざわざ来てくれるんだし…」
最初、CAPのお母さんが気を使い、旅の費用の多くを負担しようとしたが、
「俺たちは、CAPのガイドや世話係として付いていくわけじゃない。ただ、トモダチとして一緒に旅をするんだから、普通に割勘でいいでしょ。」
という高橋歩たちの意向で、旅の費用についても、シンプルにすべて割勘で、ということになった。

CAP、CAPの母親、CAPの娘ふたり、
そして、友人たち。
20代〜70代まで、凸凹な15人による、ファンキートリップ。

キャンピングカー２台とハーレー２台に分乗し、
アメリカ大陸4200キロを、10DAYSで駆け抜けた大冒険。

その旅の様子は、作家である高橋歩に、自ら語ってもらうとしよう。

CRUISEAMERICA.com

Monument Valley
ROUTE
66
Grand Canyon
CALIFORNIA
Mojave Desert
ARIZONA
Seligman
Flagstaff
NEW MEXICO
Amarillo
SANTA MONICA
Sedona
Albuquerque
TEXAS
El Paso

El Paso エルパソ

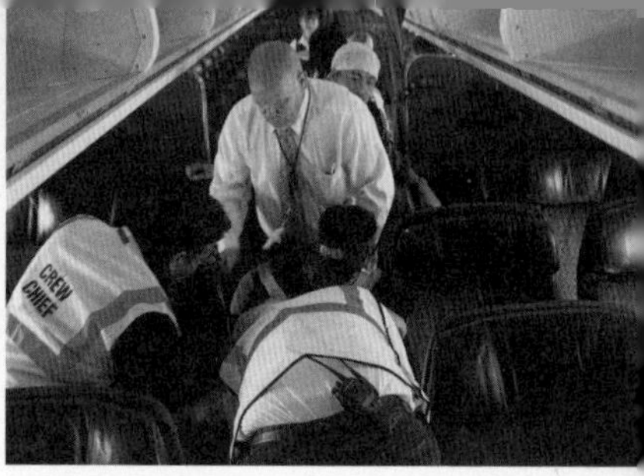

2010年の夏の終わり。
成田空港に、みんなが集まった。

「さぁ、アメリカだ！ キャンピングカーの旅だ！」
「早く、ハーレー乗りてぇー。BORN TO BE WILD♪」
仲間たちは、相変わらずリラックスしていたけど、
久しぶりに逢ったCAPは、緊張気味で口数も少ないし、
CAPの母ちゃんたちも、娘さんたちも、まだ硬い感じで、微妙な空気。
みんなで、軽く顔合わせした程度で、ゆっくり打ち解ける暇もなく、
「時間もないし、じゃ、行こっか！」って、そのまま搭乗口へ。

撮影隊を含め、総勢15人。
仲間たち以外は、互いのことをほとんど知らないもの同士で、
アメリカ大陸を、無計画、気ままに走り回ろうという旅。
CAPは車椅子だし、体調もあるだろうし、どこまで付いてこれるかな？
母ちゃんや娘さんたちも含め、老若男女みんなで、ノリが合うといいけどな。
さぁ、どんな旅になるやら...

未知なる旅へのドキドキとワクワクを胸に、
スタート地点のテキサス州、エルパソへ飛んだ。

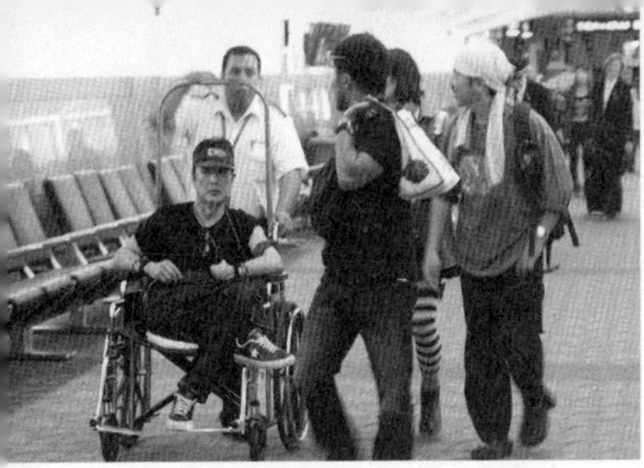

まず、成田から経由地のダラスへ。
ダラスで飛行機を乗り換えて、エルパソへ…
そんな、最初のシンプルな移動から、さっそく、トラブルの連続！

「大丈夫、大丈夫、わたしたちは問題ないわよ。心配しないでね。」
CAP母ちゃんの言葉を聞いて、俺は、てっきり、母ちゃんたちも旅慣れしているものと勘違いして、放ったらかしにしてしまったのが、間違いの始まりで。

「まぁ、母ちゃんがそう言うなら大丈夫でしょ。いざとなれば携帯もあるし、出口で待ってようぜ。」って言いながら、CAPの移動も、基本、母ちゃんたちに任せて、仲間だけでワイワイ行ってたんだけど…
乗り換え地でも、到着地でも、母ちゃんたちはいなくなっちゃうわ、荷物もなくなっちゃうわで、実際は、もう、てんやわんや。

CAPは慣れない移動に疲れて、イライラしてるし、
母ちゃんは、CAPとケンカして、半泣きになってるし、
娘さんたちは、不安でいっぱいな顔してるし…
それを見て、俺たちも、ようやく、現状のやばさに気づいて。

やべぇ、やべぇ。最初の飛行機から、この騒動か。
これは、予想以上に、大変な旅になりそうだぞ…
そんな予感が、じわっとわいてきていた、エルパソ空港だった。

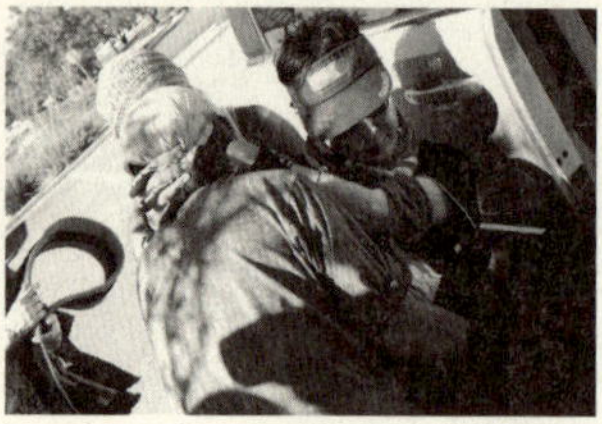

なんとか、みんな無事にエルパソの空港に着いて、
とりあえず、近くのホテルにチェックインしたのも束の間。
今度は、ホテルの部屋で、いきなりの衝撃。
CAPのオムツを、娘さんが取り替えるシーンを目の当たりにして。

それまで、俺は、CAPの日常生活のリアルを何もわかっていなかった。
「車椅子だと移動が大変だよね。」っていうくらいの浅い認識しかなかったので、
自分の娘たちに、ズボンを脱がせてもらい、オムツを替えてもらっているCAPの姿を見て、強烈なショックを受けた。

下の世話をしてもらっている間、自分の娘に対して、すまなそうな顔で、
「ごめんな。ごめんな。」って何度も言っているCAPを見てたら、
俺まで、急に、胸の奥がキューンと痛くなってきて。
何も言えず、何も出来ずに、その場に立ち尽くしてしまった俺。

「はい、お父さん、早く、足上げて。」
「動かないで。洋服、汚れちゃうよ。」
そんな俺を横目に、明るく、手際よく、ちゃきちゃきとオムツ交換を進めていく、
CAPの娘ふたり、リサコとエリコ。

あっ、すいません。
俺も、センチメンタルジャーニーしてる場合じゃないですよね。
高橋歩、ただちに手伝います！ はい！

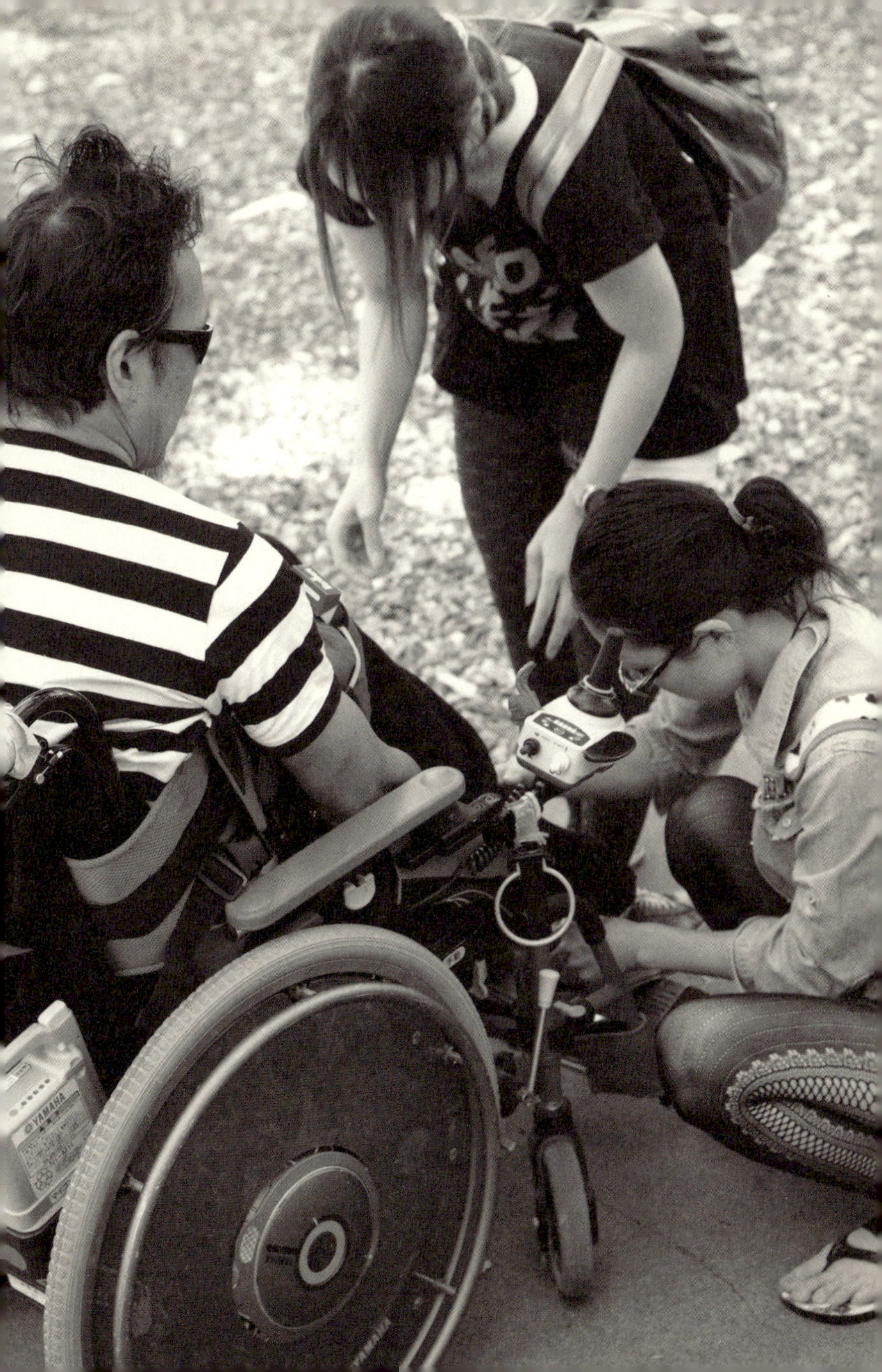
YAMAHA

CAPのオムツ交換も終わり、みんな、とりあえず落ち着いたところで、
まだ、エルパソは、午後3時を過ぎたくらい。
さぁ、今日は、なにして遊ぼうか？

「友達もいるし、何度か行ったことあるし、スタートは、ぜひ、エルパソで！」
CAPの母ちゃんの強いリクエストで、スタート地点に決まったエルパソ。
到着して初めて知ったんだけど、今日は、母ちゃんが気を使ってくれて、すでに、観光客向けレストランでの豪華ディナー＆夜景ツアーを、予約してくれているらしい。

観光客向けのレストランで食事して、夜景ツアーか…
ぶっちゃけ、微妙だな。
それより、レストランでの夕食には、かなり遅れてしまうかもしれないけど、
ここから数時間、車で走れば、白い砂の砂漠があるっていうから、やっぱり、
そっちに行ってみたいよな。
でも、CAPの母ちゃんが、現地の友達に頼んで、セットしてくれたわけだし…
さて、どうしたものか。
俺たちは、一瞬、迷った。

とりあえず、CAPに希望を聞くと、「オレは、砂漠に行きたい。母ちゃんの言いなりには、絶対ならない！」なんて、妙に感情的になってるし。
母ちゃんは母ちゃんで、「せっかく、メキシコ音楽の演奏もあるし、レストランに遅れると、それも無駄になっちゃうので…」って、ブルーになってるし。

よかれと想って、先回りして、なんでも世話をしてあげようとする母ちゃん。
心の奥では感謝しつつも、それをウザイと想って、逆らおうとするCAP。
ここ数十年、繰り返されたであろう、そのふたりのバトルの狭間に、
いきなり入ってしまった、俺たち。

まぁ、母ちゃんの気持ちも良くわかるけど、
今回は、やっぱ、CAPの望む旅でしょ。
ってことで、俺たちは、砂漠へGO！することに。

CAPの母ちゃんにも、そんな話をしたら、
「わかったわ。今回は任せるので、よろしくお願いします。」って、
なんとか、わかってくれて。

さぁ、とりあえず、一発、ぶちかまそうぜ！
俺たちは、白い砂の砂漠へ向かった。

GOLDWIN

白い砂の砂漠に行く途中で、ふらっと寄ったハンバーガー屋。
ここが、異常にうまかった。

みんなで、「うめぇ、うめぇ」って言いながら、
むしゃむしゃ食べていたんだけど、
CAPは、少し食べただけで、あとは黙って、うつむいていて。

「CAP、うまくない?」って聞いたら、
「いやーすごくうまい。でも、ずっと来たかったアメリカだから。アメリカのハンバーガー、食べてみたかったから。なんか嬉しくて...」って。

そうだよな。
ガキの頃から、30年以上、ずっと憧れていたアメリカだもんな。
しかも、事故ってからは、あきらめていたアメリカに、今、実際に、来てるんだもんな。

CAPの中で、何十年も、ずっと温めてきた想いがあるからこそ、
「アメリカに来たぜ! いぇいー!」って、いきなりテンション上がるんじゃなくて、ゆっくり、ゆっくり、溶かしていきたいんだなーっていう感覚が、ふんわりと伝わってきて。

ハンバーガーを、うまそうに、ひとくちひとくち、味わって食べているCAPが、
なんかすごく印象的だった。

道に迷いながら、数時間走って、ようやく、砂漠に到着！

期待通り、白い砂の砂漠は、光ってた。
車椅子ごとCAPを持ち上げながら、みんなで砂の山を登って、
どこまでも続く砂丘がバーンって視界に広がった瞬間、
キタ！　これだ！って感じで。

平らになっているところで、CAPの電動車椅子を下ろしたら、
CAPが、ひとりで、自由に砂漠を爆走し始めた。
ホント、子供みたいに、嬉しそうにおおはしゃぎしながら。
あんな無邪気に遊ぶCAP、今まで一度も見たことなかった。

どこまでも広がる砂漠を、自由に走り回りながら、
ひとり静かに、喜びの涙を流しているCAPを見てたら
なんか、俺まで、ジーンと感動してきちゃって。

ふっと、周りをみたら、仲間たちも、みんな涙ぐんでて…
おいおい、これエンディングか？っていうくらい、
いきなり、感動的な空気に包まれてた。

大自然の中で、子供みたいにはしゃぐ不良オヤジ。
サイコーだった。

この砂漠に来てから、CAPの走りは絶好調！
さかんに、素早いコーナリングを繰り返し、ドリフトまでしようとしてるし。
さすが、元暴走族、元走り屋だけあって、広いところに来ると、昔の血が騒ぐんだろう。

「おー！ いいねぇ、CAP、ナイス、コーナリング！ インを刺せ！」
「ギリギリまで攻めちゃえ！ でも、倒れたら、そのまま置いて帰るぞ！」
なんていうジョークも飛び交い始めて。

だんだんと、CAPが本来のエネルギーを出し始めたことで、
仲間たちも、みんなリラックスしてきて。
この頃から、CAPへの扱いも、
「ケアーしてあげなきゃいけない障害者」から、
「ちょっとケガをしている、楽しい友達」みたいな感じになってきて、
どんどん楽しくなってきたんだ。

最高の夕焼けを満喫した後、
フリーウェイをかっ飛ばして、母ちゃんたちの待つ、レストランへ直行！

ちょっと遅れたけど、あらためて、ビールで乾杯！してから、
さっそく、砂漠で撮ったCAPの写真を見せたら、
「わぁあー。いい顔してるねー。これは、行ってよかったねー。」って、
母ちゃんも、すごく喜んでくれてて。
みんなHAPPY!で、いい感じ。

予想通り？ その後に行った夜景ツアーは、若干、微妙でしたが…(笑)

初日から、すごく、いい風が吹いてた。

Monument Valley
ROUTE
66
Grand Canyon
CALIFORNIA
Mojave Desert
ARIZONA
Seligman
NEW MEXICO
Flagstaff
Amarillo
SANTA MONICA
Sedona
Albuquerque
TEXAS
El Paso

Albuquerque アルバカーキ

COFFEE
Kaffee
Java

SELIGMAN
SUNDRIES
I
ROUTE
66

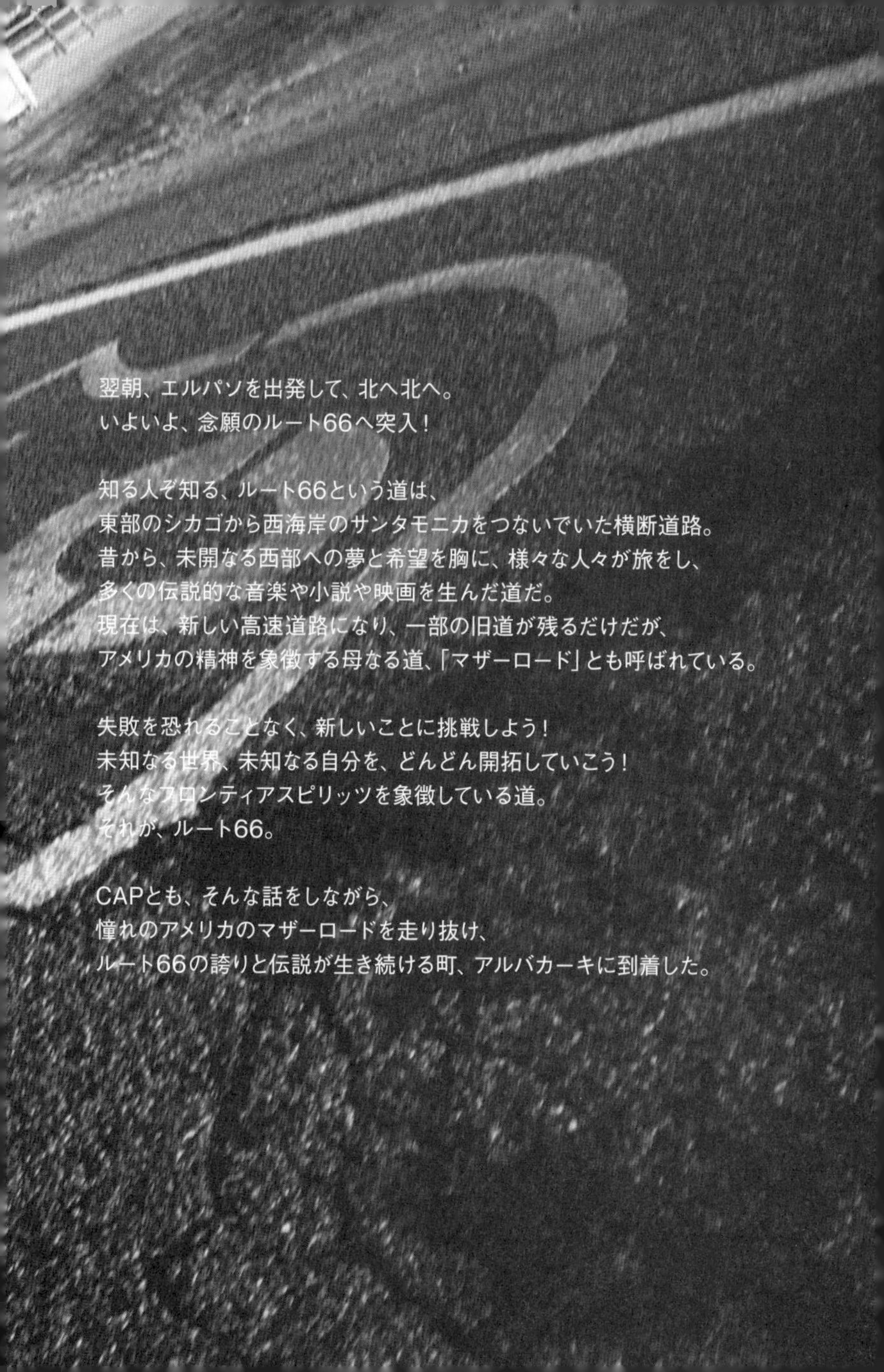

翌朝、エルパソを出発して、北へ北へ。
いよいよ、念願のルート66へ突入！

知る人ぞ知る、ルート66という道は、
東部のシカゴから西海岸のサンタモニカをつないでいた横断道路。
昔から、未開なる西部への夢と希望を胸に、様々な人々が旅をし、
多くの伝説的な音楽や小説や映画を生んだ道だ。
現在は、新しい高速道路になり、一部の旧道が残るだけだが、
アメリカの精神を象徴する母なる道、「マザーロード」とも呼ばれている。

失敗を恐れることなく、新しいことに挑戦しよう！
未知なる世界、未知なる自分を、どんどん開拓していこう！
そんなフロンティアスピリッツを象徴している道。
それが、ルート66。

CAPとも、そんな話をしながら、
憧れのアメリカのマザーロードを走り抜け、
ルート66の誇りと伝説が生き続ける町、アルバカーキに到着した。

アルバカーキでキャンピングカー2台をレンタルした後、
これから始まるキャンプ生活のために、まずは、買出しに行こう!
ってことで、近くの巨大スーパー、ウォルマートへ。

店内に入った途端、CAPは、ウォルマートのあまりのでかさに、
口をあんぐりしちゃってて。
「この大きさ… すごい。THIS IS AMERICAだ。オレ、はじっこから全部、ぐるーっと回ってみたい。」なんて言いながら、店内をウロウロし始めて。
わかる、わかる! このデカさ、なんか無意味にワクワクするよな!
って、俺も一緒にウロウロし始めて。

ドリンク売り場で、俺たちは、日本未発売のレアなコーラを発見!
ガキの頃から、コカ・コーラフェチの俺とCAPとしては、
「このために、アメリカ来ました!」っていうくらいの勢いで、
テンション上がりまくり&買いまくり。
CAPも、満面の笑みで、ウォルマートの大きなカートに、
ガシャガシャとコーラを積んでいってた。

逆に、母ちゃん&洋ちゃんの70代コンビは、あまりの広さに、うんざり気味。
「あらま。食品売り場はどこかしら? これじゃ、目当てのモノを見つけるまでに、夜になっちゃいそうね…」
「こんなに広いんじゃ、歩くだけで疲れるわ。英語だから、店員さんに聞いてもわからないし、不便ねー。アメリカ。」なんて、ぶつぶつ言いながらも、料理当番として、きちんと、みんなの分の食糧をゲットしてくれて。

釣具から、虫除けから、怪しいお菓子やおもちゃまで、
てきとうに、どっさり買い込んで、買出し終了!

さぁ、今夜は、キャンプ場で、バーベキューでもしようぜ!

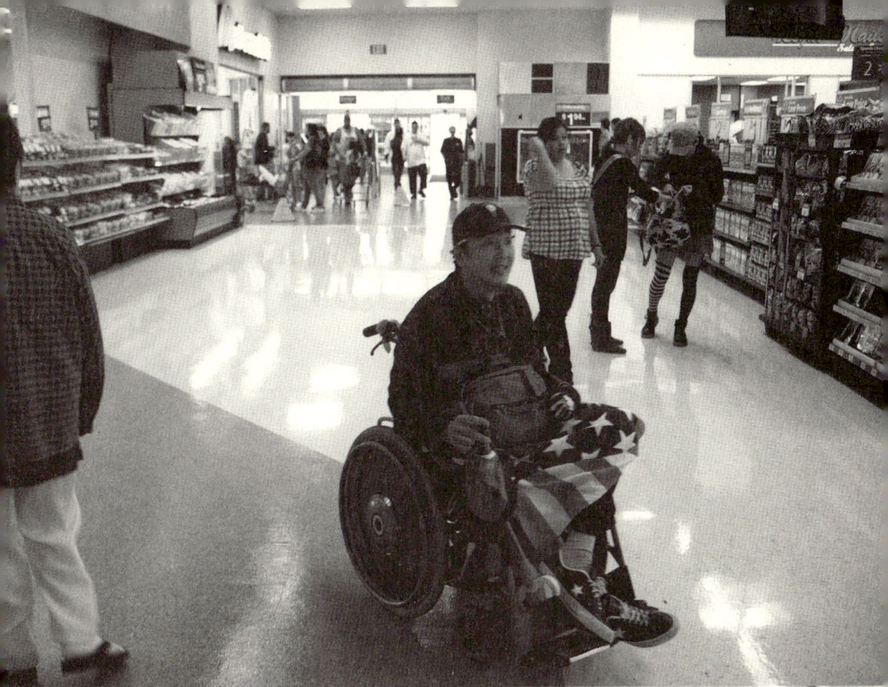

1-800-RV4RENT
CRUISEAMERICA.com

RV-PARKと呼ばれる、キャンピングカー用のキャンプ場に到着して、
いざ、バーベキューでもしようか！と盛り上がっていたところで、
いきなり、信じられないほどの大雨が、ザーザー降り始めて。

あーあ。雨かよ。
みんなで、バーベキューでもして、ステーキ食って、赤ワイン飲んで、アメリカキャンプの定番、焚き火を囲んでの焼きマシュマロもやって…
なんて想ってたのになぁ。残念！
ぶつぶつと文句を言いながら、気晴らしに、プシュ！っとバドワイザーを開けて、
大音量でボブ・マーリーを聴いていた俺たち。

そのとき、大雨の中、CAPの娘ふたり、リサコとエリコが、
突然、半泣きの顔をしながら、俺たちの乗っているキャンピングカーに来て、
「ちょっと、話があるので、いいですか？」って。

えっ？ どうしたの？ なにかあった？
いいよ、いいよ、とりあえず、座れよ。

「わたしたちも、お母さんたちも、正直、どうしたらいいのかわからなくて、困ってます！」から始まって、溜まっていた胸のうちを、暴露し始めた。

「空港で会ったときから感じていたんですけど、こんな旅の素人で英語もしゃべれないお母さんやわたしたちやCAPを置いて、あなたたちは自分たちのやりたいように適当にやって、わたしたちは、とても大変な思いをしています。
CAPのこと、本当に大切に考えてくれてるんですか？
せめて、今後の予定とか、コースとか、宿泊場所とか、集合時間とか、すべて、事前に、きちんと伝えてください。ガイドとして必要なことは、最低限ちゃんとやってくれませんか！ そうじゃないと、こんな旅、続けられないです！」って。

えっ？ なんで？
まぁ、言ってることはわかるけど… 俺たち、ガイドじゃないし。

もちろん、みんなで楽しむために、手伝えることはなんでも手伝うけど、
なんで俺たちが、ちゃんとやって下さい！とか言われなくちゃいけないの？
それは、ちょっと違くないか？

突然、怒りながら、厳しい口調で娘さんたちに言われたから、
俺も、やや感情的に言い返しちゃったりして、
一時は、軽いバトル状態になっちゃって。

でも、話していくうちに、すぐに気付いた。
こりゃ、根本的に大きな誤解があるなって。

よくよく話を聞いてみると、彼女たちは、この旅を、
「障害者を守ってくれるガイド付きのツアー」だと思っていたみたいで。
そして、俺たちの仲間は、
「お母さんに雇われたガイド」だと勘違いしていたみたいで。

なーんだ、なるほど。
そりゃ、不安にもなるだろうし、ストレスも溜まるよね。
オッケー！ まずは、根本を確認しよう。

この旅は、ツアーじゃなくて、冒険なんだ。
俺たちは、CAPのガイドじゃなくて、友達なんだ。
だから、この旅は、計画もないし、ガイドもいない。
ここにいるみんなで、楽しい旅を創っていこうぜ。

そんな話をしているうちに、最後には、ふたりとも、よくわかってくれて。
「なんだ、そういうことだったんですか。正直、知らなかったです。ごめんなさい。これは、ツアーじゃなくて冒険だったんですね。私たちは、ガイドと客じゃなくて、旅の仲間なんですね。わかりました。だったら、心を切り替えます。そんな旅は生まれて初めてだから、どうなるかわからないけど、私たちも、今から、そういう気持ちで楽しんでみます。」って。

うん。よかった。
これからも、こうやって、どんどんぶっちゃけて話していこう。

スッキリと、明るい表情になったふたりを見て、
ホッと胸をなでおろした俺たちでした。

娘さんたちと俺たちの口論が終わった後も、
すぐ横で、CAPは、ずっと下を向いて、涙を流していた。

もちろん、CAPは、俺たちと娘さんたちは、いがみあっているのではなく、
みんながハッピーになるために話し合っているんだってことは、
充分、わかっていただろうけど。
CAPにとっては、自分の娘と、自分の友達が、
自分のために言い争いをしているって感じただろう。
辛かったよね。ごめん。

俺も、娘さんたちと話しながら、すぐ横でCAPが涙しているのは知っていたし、
そりゃ、なるべく、言い争いは避けたかったよ。
でも、もし、あのまま、娘さんたちがストレスを抱えたまま、この旅を続けていく
と想うと、ゾッとするよな。
あの時間は、みんなにとって必要な時間だった。
こうやって、ひとつひとつ、みんなで深めあっていこうぜ。

相変わらず、大雨が降り続く中、
愛変わらず、ボブ・マーリーが唄ってた。
もう泣くなよ、すべてはうまくいくさ、って。

んじゃ、話も落ち着いたところで。
近くに、いい店あるし、今夜は飲みに行こうか！

ルート66を愛する人なら、誰もが立ち寄る名店。
古き良きアメリカを凝縮したようなレストランバー。
憧れのROUTE 66 DINERへ。

外のネオンも、アメリカンカラーで、かなりかっこよかったけど、
店内も、さすがの雰囲気で。

「このジュークボックス、すごい。極上のROCKがいっぱいだ…」
CAPは嬉しそうに、エロ笑い。

「やっぱ、金髪はいいね…」
アメリカンの姉ちゃんたちに囲まれて、記念写真を撮りながら、
CAP、さらにエロ笑い。

ふっと、バーカウンターのほうを見れば、映画監督のケンちゃんは、
仕事そっちのけで、美人の金髪姉ちゃんを口説いてるし…

まぁ、そんなこんなで、みんなでいい感じに酔っ払って、
アルバカーキの夜は暮れていくのでした。

66 DINER
1405
OPEN
WITH ICE
Coke
66 DINER
ALBUQUERQUE
66 DINER
HOURS OF OPERATION
MON-FRIDAY
11AM TO 11PM

66
OPEN
66
WITH ICE
DONT
WALK
Coke

CAP

ED SULLIVAN SHOW
PRESLEY
LIVE
ON
STAGE

NEW MEXICO
66
66

Monument Valley
ROUTE
66
Grand Canyon
CALIFORNIA
Mojave Desert
ARIZONA
Seligman
NEW MEXICO
Flagstaff
Amarillo
SANTA MONICA
Sedona
Albuquerque
TEXAS
El Paso

CHICAGO
ILLINOIS
MISSOURI
St.Louis
KANSAS
Springfield
City
LAHOMA

Sedona セドナ

T-SHIRTS &
SOUVENIRS
INDIAN

3日目の朝は、雨も上がって、晴天！
早朝からアルバカーキを出発して、今日は、アリゾナの秘境・セドナへ。

セドナは、大昔から、ネイティブ・アメリカンの聖地として崇められていた村。
美しく偉大な自然に囲まれ、地球のエネルギーが湧き出ている場所＝ボルテックスが数多く存在することから、「パワースポット」と呼ばれ、セレブからヒッピーまで、世界中の人々に愛されている場所だ。

しかも、今回は、現地の友達に頼んで、
ヒッピーたちの集まるフルムーンパーティーにも参加できそうだし、
ネイティブ・アメリカンの儀式も体験できそうってことで、
みんな、ワクワクモード全開！

どこまでも広がる、赤土の大地をかっ飛ばしながら、
テンション上がるROCKをガンガンに聴きながら、
なぜか、途中のドライブインで出逢ったナバホ族のおばちゃんに、
ナバホ・ピザと呼ばれる一風変わったピザ（激ウマ！）の創り方を教わったりしながら… 俺たちは、ノリノリで、セドナに到着した。

OO-RV4RENT

セドナに到着し、まずは、キャンプ場でゆっくり。

今回レンタルしたキャンピングカーは、FORDのMAJESTIC。
アメリカでは、「MOTOR HOME」（モーターホーム＝動く家）と呼ばれる、
全長10メートル近い大型キャンピングカー。

電気はもちろん、トイレやシャワーやキッチン、冷蔵庫に冷暖房まであるし、
テレビやDVDもあって、おまけにNETまで通じるし…
これ、ホント、動く別荘だな！ すげぇ。
大自然の中にいるのに、この快適ライフ、やばいね。ハマるね。
キャンピングカーの旅の自由さ＆快適さを、みんなで満喫しつつ。

釣りをしたり、本を読んだり、犬と戯れたり、
スカイプで、日本にいる奥さんや子供とテレビ電話したり…
それぞれ、自分のペースで、勝手に楽しみながら、のんびりと過ごして。

ねぇ、今夜、ヒッピーが集まるフルムーンパーティーって、どこでやるの？
えっ、マジ？　あの山の上？
俺たちはまだ行けるとしても、CAP、どうする？

今夜のパーティーの会場は、山道を1時間近く登った山頂らしい。
ちなみに、その山道は、ざっと見るところ、
バリアフリーどころか、オールバリア！って感じの、ハードなオフロード。

そりゃ、CAPと一緒に行きたいけど… 本当に、これ登る？
車椅子を、みんなで持ち上げて運ぶって言っても、さすがに、無理じゃない？
ぶっちゃけ、ちょっと危険すぎない？

駐車場までは、「まぁ、大丈夫でしょ。」って、元気だった俺たちも、
実際に、その山道を見た瞬間、ほんの12秒間だけパワーダウンして。

でも、そこは、男気の見せどころ！
せっかく、CAPと一緒にセドナに来たんだし、CAPを置き去りにして、俺たちだけでパーティーに行くっていう選択肢はないでしょ。
楽勝、楽勝、とりあえず、CAPかついで、行ってみるべ！

ってことで、前後左右4人がかりで、車椅子ごとCAPを持ち上げて、
超ヘビー級なHAPPYトレッキングがスタートした。

さぁ、いくぞ。
せーの、ハイ、ハイ、ハイ、ハイ！

もう、やってみたら、予想以上に、CAP、重くて(笑)。
直射日光は強烈だし、道はガタガタで足場は悪いし、
腕は重くてちぎれそうだし、足にサボテンのトゲとかビシバシ刺さりまくるし…
30代後半の男たちが、必死な顔して、掛け声とか掛け合いながら。
笑っちゃうくらい、いきなりの修羅場だった。

また、電動車椅子が、50kgくらいあって重いくせに、まったく機能しないし。
「誰か、オフロード用の軽量＆グリップタイヤの車椅子、早く開発してくれ！」
なんて叫びながら、休んでは登って、休んでは登って。

「マジ、きついぜ、これ！」
「これさ、まるで、高校の頃の部活みたいじゃねぇ？」
「ホント、ホント、高校の部活、思い出すよな！」
「えっ？ でも、おまえ、中卒じゃなかった？」
「うるせぇーなー！ 気持ちの問題だよ、気持ちの！」
みたいな、くだらない会話をしながら、互いに励ましあいつつ(笑)。

どうにかこうにか、山頂を目指して歩き続けて…

やったぜ！ 登頂だ！
いぇーい！
CAPも、おつかれ！
やっぱ、山頂は、いい景色だねー。
頑張った甲斐、あったな。

でも、さすがに、疲れたぁ…
ポカリ飲みてぇー！
みんな汗びっちょりで、ホント、久々の部活みたいだった。

でも、ひとつのことに、みんなで力を合わせて頑張るって、
やっぱり、なんか、すごく気持ちよくて。

大人がみんなで本気になれば、不可能なことはない！
なんて言いながら、爽快な風に吹かれながら。
みんな、いい顔してた。

YAMAHA

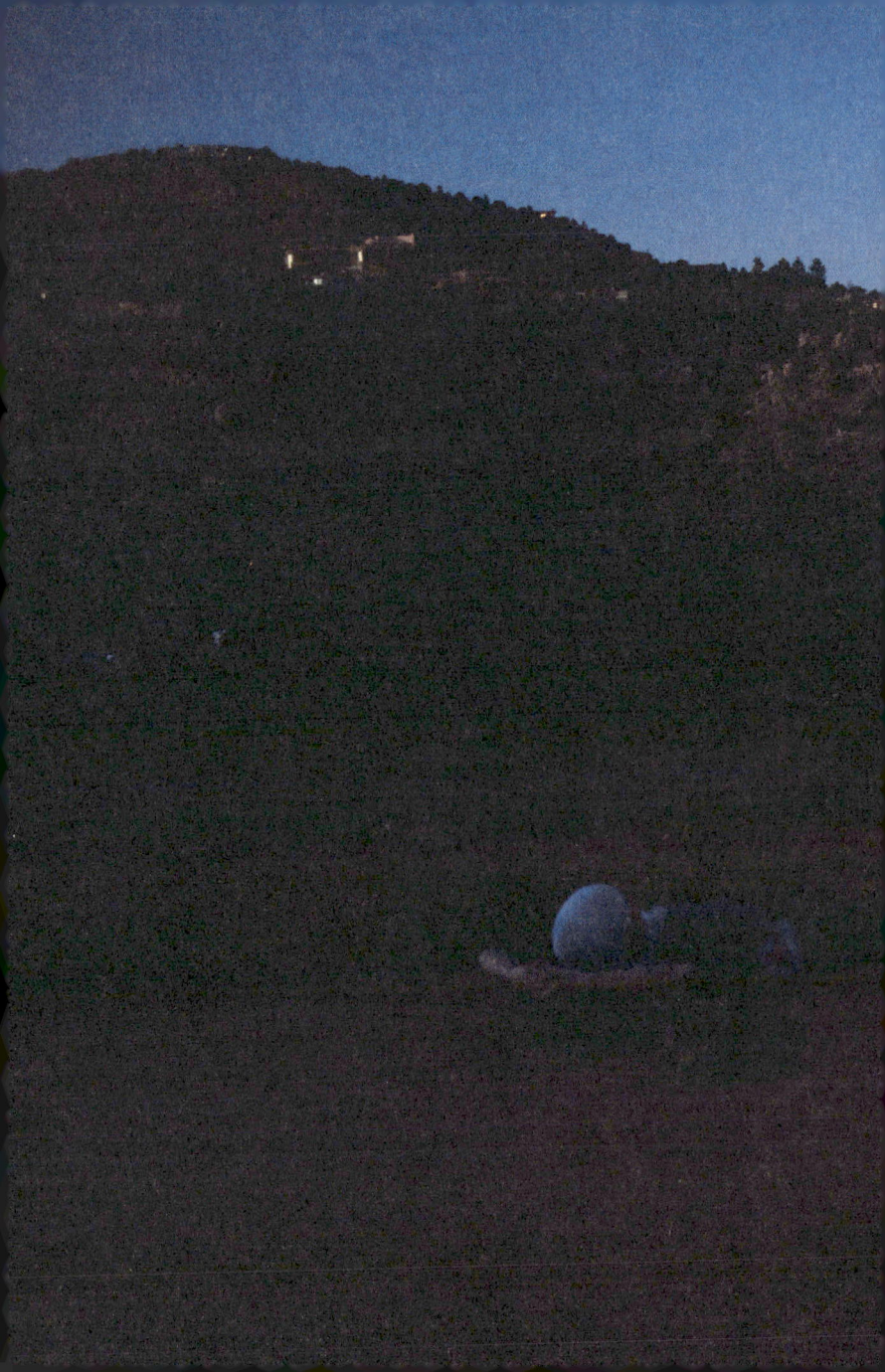

素敵な夕陽が沈み、いよいよ、満月が上ってきて...
セドナの聖なる夜が始まってきた。

しかも今日は、偶然にも、500年に一度の流星群が見れるらしく、
用意されたかのような、満天の星空に、最強の満月。

この夜の満月は、本当にやばかった。
透明感のある、圧倒的な美しさで。
月って、こんなに明るかったんだ... って、本気で驚いてた。

俺はCAPとふたり並んで、「CAP、あの月、やばいね。」とか言いながら、
山から満月が上ってくるのを、ずっと見ていてさ。
ふたりで、最強のムーンライトを浴びながら、ピースフルな風に吹かれて。
アラフォーのオヤジが、ふたり並んで、ロマンチックしても許されるくらい、
すごかったのよ、このときの満月は。

パワースポットとか、地球のエネルギーとか、
正直、俺は、あんまり、ピンと来るほうじゃないけど、
このときは、さすがに、感じた。
やっぱり、ここは、なにか持ってるなって。

ADMIRATIO

しばらくして、CAPが、俺に、そっと言うんだ。
「この満月をバックに、娘ふたりと写真を撮りたい。」って。
「今まで迷惑ばっかり掛けてきたけど、娘たちにとっても、この旅は、きっと、いい思い出になるから。」って。

CAPは、奥さんと離婚していることもあるし、
父親であるCAPと娘さんたちの間には、
俺たちが知りようもない、いろんな物語があったんだろうな…

なんか、その場に、静かな、凛とした空気が流れてて、
3人とも、ホント、いい顔してた。

夜も深まる頃。
山の上の美しきパーティー会場に、どこからともなく、
楽器や装飾具を身につけたヒッピーたちが集まってきた。
そして、フルムーンパーティーが始まった。

満月と星空の下、静かに、激しく、俺たちは太鼓を叩き続けた。
このパーティーのベース音は、俺たち、JAPANESEに任せとけ！
みんな、踊れ！ 歌え！

LET'S DANCE WITH EARTH!

PARTYを終えた帰り道。

フルムーンに追い掛けられながら、
夜のセドナをドライブ。

カーステレオから、静かに流れていた、
ENYAのAMARANTINEが、忘れられない。

こういうときに、ふっと、想うんだ。

やっぱり、生きるって素晴らしいな、って。

そして、翌日は、キャンプ場でゆっくり遊んだ後、
ネイティブ・アメリカンの儀式、「スウェットロッジ」を体験させてもらうため、
夕方から、怪しい山奥の村へ。

ネイティブ・アメリカンが、何千年にも渡り、受け継いできた聖なる儀式。
あらゆる生命とつながり、魂が生まれ変わったように浄化されていく...

そう言われても、正直、何が起こるかイメージできなかったけど、
まぁ、せっかくだし、何でもやってみようぜ！ってことで、
CAPや娘のリサコも含め、みんなでチャレンジしてみることに。

まずは、ナビゲートしてくれる女性に軽く挨拶をした後、
すべての服を脱ぎ、布キレ1枚だけの原始人スタイルに着替え、
母親の子宮をモチーフにしたという、不思議なテントの中へ。
真っ暗で何も見えないテントの中で、円状になって、みんなで座ったら、
そこに、大量の焼いた石を運び込み、それに水を掛けていく。
そうして出来上がった、熱と蒸気の溢れる、天然のスティームサウナの中で、
ネイティブ・アメリカンの女性にナビゲートされながら、
参加者それぞれが、心を開き、心の奥にある想いを語っていく...

大きな流れで言うと、そんな夜だったんだけど、
いやはや、予想以上に、めちゃくちゃ濃厚な数時間だった。

反応も、人それぞれ、みんなバラバラで、本当に面白くて。
普段の感じのまま、普通に語ってる奴もいれば、
いきなり半泣きしながら、シャウト系になる奴もいたり。
CAPはCAPで、地面に寝転がって、汗だくになりながら、
「障害者で、こんなやばい体験してる奴、いないよね。」なんて、
ニヤニヤしながら、よくわかんない自慢してるし(笑)。

このスウェットロッジに限らず、今回のセドナは強烈だった。
ネイティブ・アメリカンの世界観も、ヒッピーたちのカルチャーも...
これからの人生で、じっくり味わっていきたいものが、またひとつ増えた。

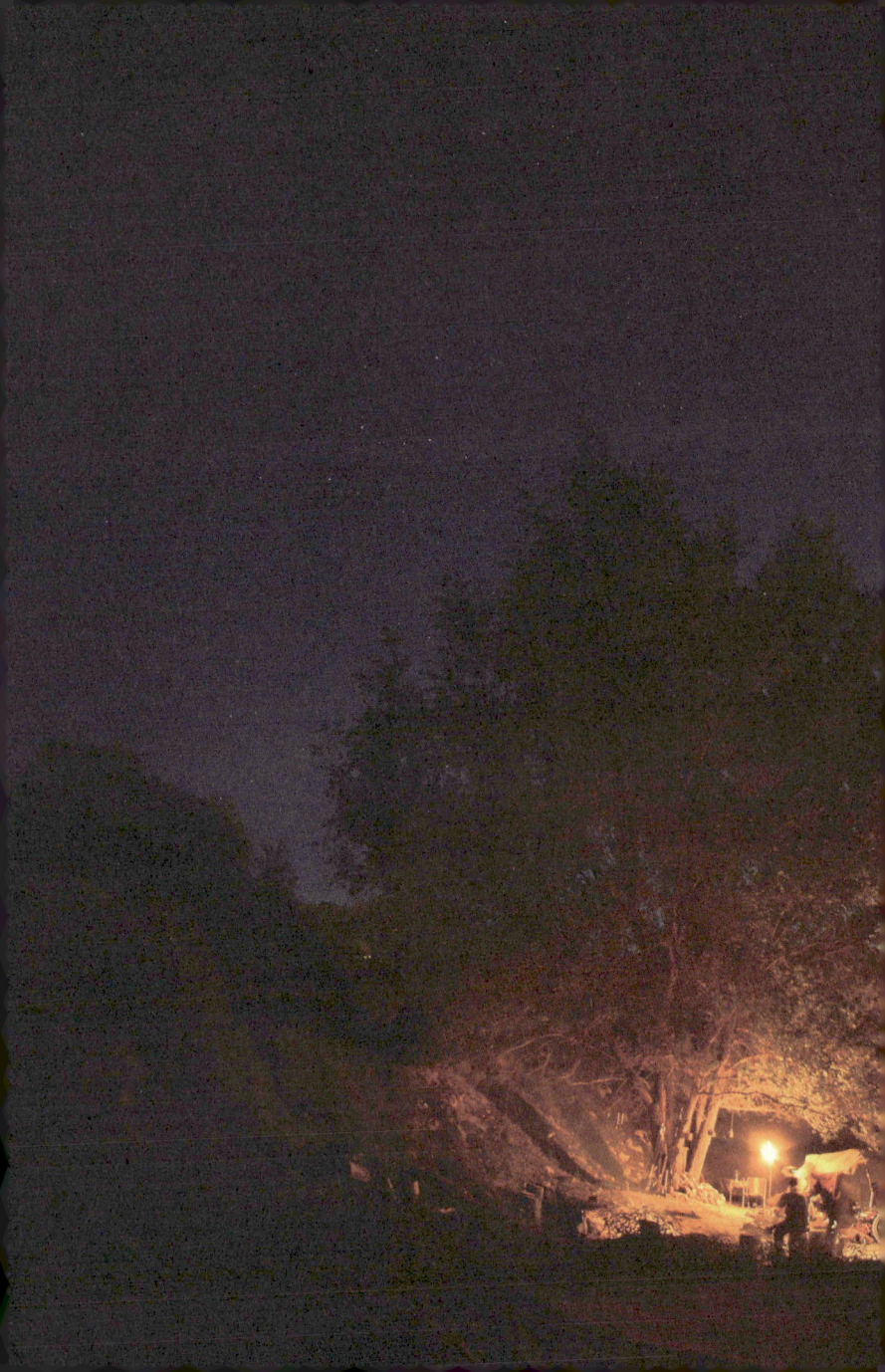

スウェットロッジを終え、みんな汗びっちょりで、キャンプ場に帰ったら、
なんと、手作りのおいしいご飯が待ってて…

うおー、味噌汁だ。癒されるー！
いただきまーす！

「わたしたちも、手伝ってもらうだけじゃなくて、やれることはやるわよ！」
料理班に就任してくれた、母ちゃんと洋ちゃんの70代コンビ。
毎日、毎日、慣れないキャンピングカーのキッチンで、奮闘してくれて。

俺たちが、「母ちゃん、おいしいよ！」って言うと、
「元気な息子が、一気にいっぱい増えちゃったみたいね。」って、
母ちゃんたちは、いつも、優しく笑ってて。

旅中を通して、ふたりのあったかい空気に、どれだけ救われたか。
俺たち、言葉は乱暴だけど、感謝してまっせ。
母ちゃん、洋ちゃん。ありがとう。

Monument Valley
ROUTE
66
Grand Canyon
CALIFORNIA
Mojave Desert
ARIZONA
Seligman
NEW MEXICO
Flagstaff
Amarillo
SANTA MONICA
Sedona
Albuquerque
TEXAS
El Paso

Monument Valley モニュメントバレー

66 100W

翌朝、セドナを出て、いきなりエンジン全開!
バイク乗りにはたまらない絶景、モニュメントバレーへ向かった。

スピード出しすぎ? ただのアンラッキー?
たび重なるキャンピングカーのエンジントラブルにもめげることなく、
直しては走り、直しては走りを繰り返しているうちに、
まさに、期待通りの光景が目の前に広がってきて...

フリーウェイを運転しながら、脳みそトリップ!
I CAN FLY! YOU CAN FLY! 脳みそパニック!
サイコーに気持ちよかった。

空は広いし、大地はでかいし。
これぞ、アメリカ!って感じの空気が、バンバン出てて、
みんな、テンション上がりまくりで。
奥田民生さんの「イージュー★ライダー」なんて流しちゃった日には、
もう、みんなで大合唱!でさ。

CAPも興奮した表情で、車の外をじっと見つめながら、おもむろに、手帳みたいなのをとりだして、マジックで周辺の景色を描き始めたりして。
まぁ、そんなに、うまくはないんだけど(笑)、
ずっと、ニヤニヤしながら、嬉しそうな顔してた。

モニュメントバレーへの一本道。

CAPも憧れだったんだろう。

気持ちのいい場所に、キャンピングカーを停めて、
おもいっきり、深呼吸をして。

CAPがひとり、道路を颯爽と走っていく姿を見ていたら、
なぜか、鳥肌がとまらなかった。

行こう、どこまでも!

モニュメントバレーへ向かう途中の町で、
ケンタロウとダイちゃんが、ハーレーをゲットしてきた!

モニュメントバレーをバックに、2台で並んで爆走してくるふたり。
やばいね。ハマりすぎだね。
かっこいいじゃん!

「CAPも、ハーレーに、またがってみるか?」って聞いたら、
「オフコース!(もちろん)」だって。
んじゃ、みんなでCAPを、ハーレーに乗せてみよう!
ってことで、みんなでCAPを抱えて、バイクのシートまで運んで。

「あなたは、股が開かないんだから、乗るのはさすがに難しいでしょ。それは、
無理よ...」という母ちゃんのダメだしにも負けず、
「さすがに、限界になったら言えよ! ケガしたら終わりだからよ。」という、
俺たちの言葉も気にせず、
CAPは、少しずつ、少しずつ、不自由な股を開こうと頑張って...

無事に、RIDE ON!
やったー! すげぇー!
いいじゃん、乗れたじゃん!

不自由なはずの股も、ハーレーだったら開けちゃうわけ?
不自由なはずの左手も、ハーレーのハンドルだったら握れちゃうわけ?
ホント、奇跡の一瞬だった。

LET'S TAKE OFF YOUR FRAME! ワクを外そうぜ!

66

その後すぐ、CAPが、「娘たちを、後ろに乗せてみたい。」って。

事故を起こす前までは、まだ小さかった娘たちをバイクの後ろに乗せて、
よく走っていたらしい。
「お父さんは、いつも、バイク乗って、リーゼントでかっこよくて。自慢のお父さんだった。」って、娘のリサコも言ってた。

ハーレーにまたがり、サングラスを掛けて、口にはマルボロをくわえて。
娘ふたりを順番に後ろに乗せながら、CAP父ちゃん、極上の笑顔。
いいシーンだった。
周りにいる俺たちまで、なんか、すっごく幸せな気持ちに包まれてた。

でもさ、CAP。
「昔は、かっこよかった。」なんて、言わせてる場合じゃないよな。
まだ人生長いんだし、勝負は、ここからでしょ。
父ちゃん最強！ お互いに頑張ろうぜ。

そして、次は、母ちゃんを後ろに乗せて。

今回の旅でも、CAPと母ちゃんは、しょっちゅうケンカ。
ちょっとした口ゲンカならわかるけど、けっこう本気モードで、
CAPが母ちゃんに、「うるせー！ 帰れ！」とか言ってるときもあったし。

障害を持った息子のために、毎日、一所懸命やってるのに、
なんで、あなたは、わかってくれないの…
そんな母ちゃんの気持ちもわかるし。

本当は、すべてわかっていて、母ちゃんには感謝しているんだけど、
男として、トイレから食事まで、なんでも他人に世話されながら生きている自分自身が、どうしても受け入れられなくて、母ちゃんに八つ当たりしたり、反抗しちゃう…そんなCAPの甘えも、責められない気もして。

どうすればいいかなんて、俺にはわからないけど。
ただ、この旅が、ある意味で、ふたりにとって、なにか新しいスタートみたいになったら、サイコーだな、って。
そんなことを想いながら、素敵なシーンを見ていた。

CAPの母ちゃんと、幼なじみの洋ちゃんは、
いくら元気といっても、ふたりとも70代。

30代の俺たちでさえ、かなり疲れるハードな毎日の中で、
「ぶっちゃけ、体力的に、きついでしょ?」って聞いたら、ひとこと。
「戦後に比べれば、全然マシよ。」だって。
「あの頃は、仕事もないし、食べ物もないし。どこか痛くても、薬もないし。狭い家で、みんなで眠って。それに比べたら、この旅のほうが、全然、快適!」なんて、笑いながら言ってて。

そっかー。
なんか、母ちゃんたち、強いな。
戦後の暮らしって、教科書とかでは読んだことあるけど、
リアルに感じたのは、初めてだ。

アメリカの青空の下、CAPの母ちゃんたちの人生に触れながら。
遠く離れた日本にいる、自分の両親や祖父母のことを想う、俺でした。

娘と母ちゃんを乗せて、満足顔のCAPをバイクから降ろした後、
「俺たち、ちょっと行ってくるわ！」って、ケンタロウとダイちゃんが、
ハーレーに乗って出動。

モニュメントバレーの絶景をバックに、
両手を広げて、天を仰ぎながら、
目を閉じて、最高の風に吹かれながら、
いい調子で、その辺を走り回っていたふたり。

やばいね。あいつら、気持ちよさそー！
ひゅーひゅー！
なんて、みんなで歓声を上げていた直後、
数メートル先で、ガッシャーン！とすごい音が…

そうです。やっちまいました！
前を走っていたダイちゃんがブレーキを掛け、
それに気づかなかったケンタロウが、後ろから突っ込んで….

ケンタロウ、ダイちゃん、大丈夫か！
みんな、一瞬、凍りついた。

ぶつかった瞬間、ダイちゃんも横に飛んだし、
空中に吹っ飛んだケンタロウも上手に受身を取ったので、
幸運にも、ふたりとも、かすり傷程度で…
ふぅー。みんな、ホッとひと息。

あぶねー。ケガなくて、よかった！
やべぇ。さすがに、調子に乗りすぎたな...
安全第一！　ラブミーテンダー！

まぁ、とりあえず、後続車も来るし、バイクと道路、片付けるべ、ってことでパッパと頭を切り替えて、みんなで素早く片付け大会が始まった。

事故後の処理で、みんなでバタバタしてるときに、
CAPったら、それを見ながら、ひとりでニヤニヤしてるの。
「ケガさえなければ、事故も、なかなか面白い。」なんて言って。

「あの岩、ピースマークに見えるね。へへへ。ピースフル。」
遠くの岩を指差して、なんか、わけわかんないこと言って笑ってるし。

このやろー、さすがに、場慣れしてんな、って、
みんなで、笑っちゃった。

そこから、事故処理のために呼んだ警察が来るのを待ちながら、
ゆっくりと、モニュメントバレーの夕焼けを堪能して。

この夕焼けを見るために、今日の事故はあったのかもね...
そんなことを本気で想っちゃうほど、素晴らしい夕焼けだった。

そして、このとき。
モニュメントバレーの夕焼けに包まれながら。
CAPが、お母さんに、言ったんだ。

「母さん、いつも、ありがとう。」って。

バイクの応急処置や警察もろもろの処理を終え、
夜になって、近くのキャンプ場へ。
ありえないくらいの満天の星空に包まれながら、
キンキンに冷えたビールを片手に、みんなで話してた。

毎日、いろいろあるけど、なんかこのメンバー、
だんだんいいチームになってきたな、って。

CAPがいて、母ちゃんたちがいて、娘さんたちがいて、俺たちがいて。
年齢から、職業から、キャラから、みんな本当にバラバラだけど、
なんか、ひとつになってきてて。

仲間だけで遊ぶのも、もちろん楽しいけど、
こういうのも、最高だな、って。

やっぱり、人生も、旅も、同じだ。
一番大事なのは、どこへ行くかじゃない。
誰と行くかだ。

Monument Valley
ROUTE
66
Grand Canyon
CALIFORNIA
Mojave Desert
ARIZONA
Seligman
Flagstaff
NEW MEXICO
Amarillo
SANTA MONICA
Sedona
Albuquerque
TEXAS
El Paso

Grand Canyon グランドキャニオン

おはよー。
あー眠い。
だって、さっき寝たばっかりじゃん…

翌朝も、眠い目をこすりながら、早朝から出発！
今日は、アメリカが世界に誇る大渓谷、グランドキャニオンへ。

さすがに、有名すぎる観光地だけあって、
ツアーの団体客やら、他の観光客もいっぱいで、
静かに浸れるナイスポジションを見つけるのに苦労したけど。

神様が何億年もかけて創り上げた作品たちは、
やっぱり、圧倒的にパワフルで。

みんな、それぞれ、思い思いに、浸る時間を過ごしてた。

66
DINER
the ROHO group

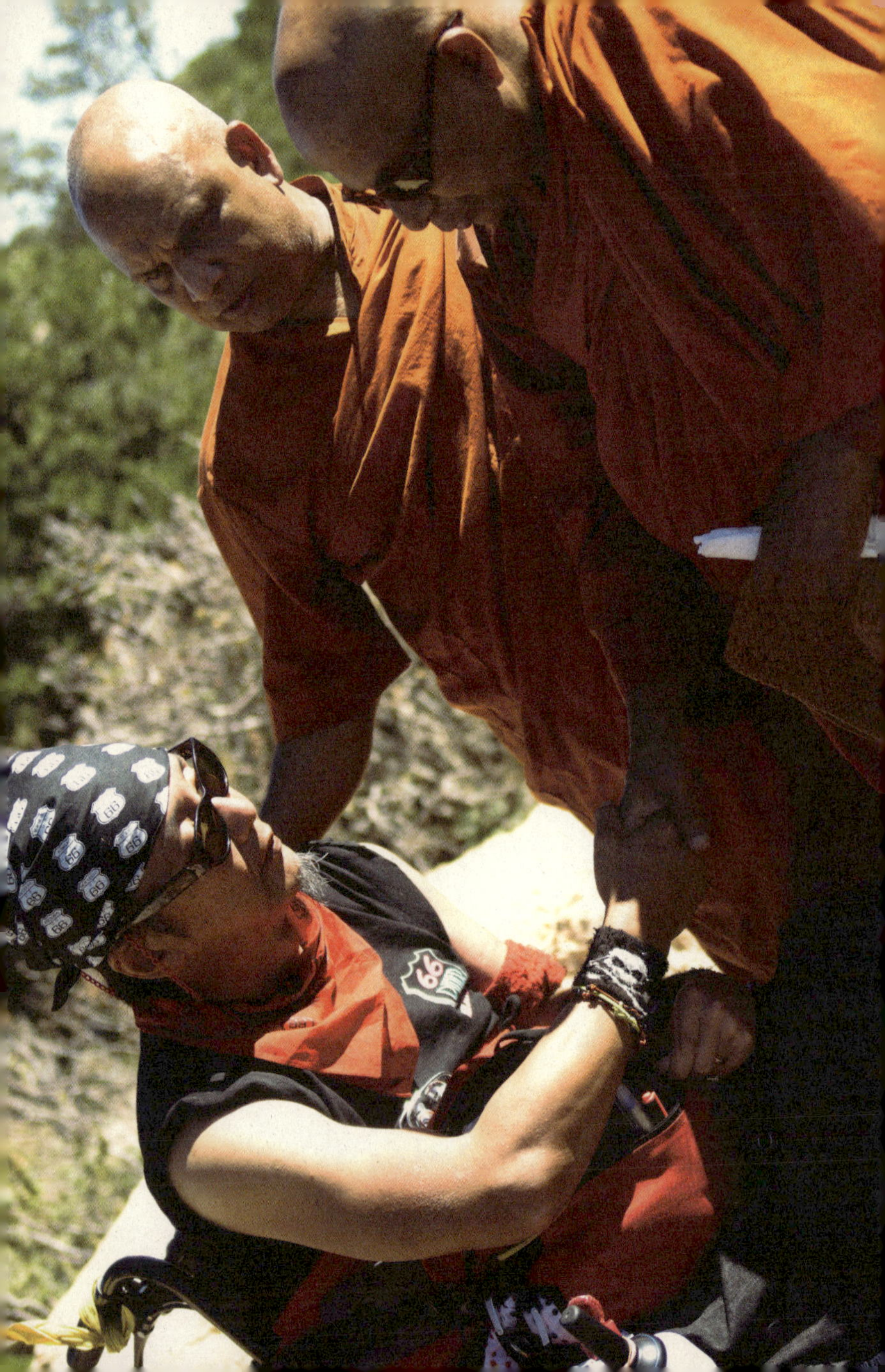
66

さぁ、そろそろ、行こうか、っていう頃に、
ある外国人のお坊さんが、CAPに近寄って、話しかけてきた。

英語のわかる仲間が通訳しながら、ちょっと話した途端、
いきなり、CAPが感動して泣きだして。
横で、母ちゃんも泣いてて。

えっ？ どうしたの？
と想って、俺も近寄って話を聞いてみたんだけど、
このお坊さん、さすがだった。

お坊さんは、静かに、CAPに言ってた。
あなたは、確かに、今回の人生、大変だと想います。
でも、その苦しみに、ただ耐えて生きればいい、というものではありません。
あなただって、人のためになることが、もっと出来るはずです。
人を喜ばせることを、やってみなさい。
自分の力を思い出して、行動してみてください。
その事故があったからこそ、出来ることがあるはずです。
意味のない苦しみなど、この世にはありません...

俺のつたない英語力でもわかるくらい、
静かで、力強いメッセージがバンバン伝わってきて。
この人、ナイス！って感動した。

「その不運や失敗があったからこそ、今、出来ることがあるはず。」
「意味のない苦しみなど、この世にはない。」
そのお坊さんから漂う、柔らかい空気感も含めて、
グランドキャニオンでもらった、素敵な贈り物だった。

Monument Valley
ROUTE
66
Grand Canyon
CALIFORNIA
Mojave Desert
ARIZONA
Seligman
NEW MEXICO
Flagstaff
Amarillo
SANTA MONICA
Sedona
Albuquerque
TEXAS
El Paso

Seligman セリグマン

HISTORIC SELIGMAN SUNDRIES

Route 66 HISTORIC SELIGMAN SUNDRIES
COFFEE
JEWELRY
MUSEUM
MALTS
SELIGMAN SUNDRIES
Kaffee
Java
Espresso
Koffie
コーヒー
Espresso

HISTORIC
40
BIG WAVE

グランドキャニオンを出て、お次は、ルート66の聖地、セリグマンへ。
昔ながらの町並みが保存され、古き良きアメリカが色濃く残っている町。
時代の波で、廃線になりかけたルート66を、この町に住む兄弟が中心になって復活運動を行ったことでも有名だ。

ここも、CAPが長年、憧れてきた町のひとつ。
CAPの表情からも、抑えきれないほどのウキウキが溢れてて。

みんなでキャンピングカーを降りて、ストリートをうろついていたら、
ある店の前で、いきなり、CAPが車椅子を止めて、熱く語りだした。

「オレは、将来、自分でお店をやりたい。あんな感じのピンクの外装にして、壁に大きな青い字で、(CAPというあだ名の由来である)キャプテン・アメリカって、書いてある店にしたいんだ。」って。

あれっ? CAP、将来、店やりたいの?
それを聞いて、まず、おもしろいな、と想って。
今まで、暴走族、走り屋、バーテンダー、DJなどなど、
CAPの過去の武勇伝は、いっぱい聞かされてきたけど、
「将来、こういうことやりたいんだ。」っていう言葉を聞いたのは、初めてだったから、へーって想って。

まさに、この頃からだ。
CAPが、自分の未来を語り始めたのは。
「いろいろあったけど、今、幸せだ。」なんて言いながら、
過去の結果としての「今」だけじゃなくて、
未来へ広がる「今」を、語り始めたCAP。
いいねぇ。飛ぼうぜ！

Route 66
HISTORIC SELIGMAN SUNDRIES
COFFEE
GIFTS
MALTS
SELIGMAN SUNDRIES
Espresso
Java
Kaffee
Coca-Cola
Amarillo,TX 682mi.
BARSTOW,CA 278mi.
Tucumcari,NM 570mi.
JOPLIN,MO 1,172mi.
OATMAN,AZ 101mi
TULSA,OK 1,044mi.
Lincoln,IL 1,571mi.
Galena,KS 1,176mi.

ルート66やハーレーのグッズを売っている店を何軒もハシゴしながら、
雑誌や写真集でよく見る、名物おじさんとも交流しながら、
ルート66という名のルートビアを飲みながら、
「この町の、すべてが好き。」って、ずっと、ニヤニヤしているCAP。

バンダナ、革ジャン、グラサン、灰皿、ライター、バッヂ、ベルト…
おまえは買い物好きのOLか！っていうくらい、
キラキラした瞳をして、ショッピングしまくる、不良オヤジ、46歳。

好きなものに囲まれると、
ホント、いい表情するよね、人間って。

ROUTE
66

買い物を終えて、店の外に出たら、
偶然にも、かっこいいハーレー軍団を発見！

まさに、CAPがずっと憧れていた人々。
仲間でハーレーに乗って、ルート66を旅するヒゲおやじたちの軍団が、
路上にバイクを停めて、一服していた。

こりゃ、行くしかねぇ！
「ハーレーとルート66を愛する車椅子の友達と日本から来てるんだけど、よかったら、彼を、ハーレーの後ろに乗せてやってくれませんか？」って、ダメもとで頼んでみたんだけど…

やっぱり、最初は、「正直、いろいろあったら面倒だし、俺たちも時間ないし、ごめんな。」って感じで、ハーレー軍団も渋っていた。
でも、ルート66のバンダナ巻いて、胸にバッヂまでつけて、サングラスを掛けて登場したCAPのROCKな姿を見たら、一瞬で何かが伝わったみたい。
いきなり、逆転のオッケーサイン！

サンクス！ よっしゃー！ CAP、乗せてもらおうぜ！
って喜びながら、CAPを抱えて、バイクの後ろ座席に乗せようとしたら…
今度は、思わぬことに、肝心のCAPがビビって、ためらい始めた。
数日前に、モニュメントバレーで、ハーレーにまたがったときは、
あんなにニヤニヤしてたのに。
「あれ？ どうした？」って聞いても、CAPは下を向いて黙ったままで。

見も知らない外国人たちに囲まれている緊張感と、本当に夢が叶うんだ、っていう興奮とが入り混じって、パニックになってたみたい。
でも、ハーレーおやじたちが、乗れ乗れって優しく言ってくれるうちに、
だんだんとCAPもリラックスしてきて、遂に、乗ることが出来たんだ。

Canyon
Lodge

Canyon
Lodge
Canyon
Lodge

U.S
66

US
66

「OK! LET'S GO!」
ハーレーおやじが、軽やかにシャウトして、
ブウォン、ブウォン、って、ハーレーのエンジンを掛けた途端…

CAPが、いきなり、わんわんと泣き出した。
ほんと、子供みたいに、大粒の涙をボロボロ流しながら。

そして、驚いたことに、
それを見ていたハーレーおやじたちが、CAPと一緒に泣き始めて。
さらに、そばにいたハーレーおやじの奥さんたちまで泣きだし、
CAPの母ちゃん含め、俺たちも、みんな泣いちゃって…
ルート66の路上で、二十数人の大人が、全員で号泣。

ほんの数分間だったけど、
とっても静かで、とっても温かい時間。
なにか、透明で、神聖な空気が流れてた。

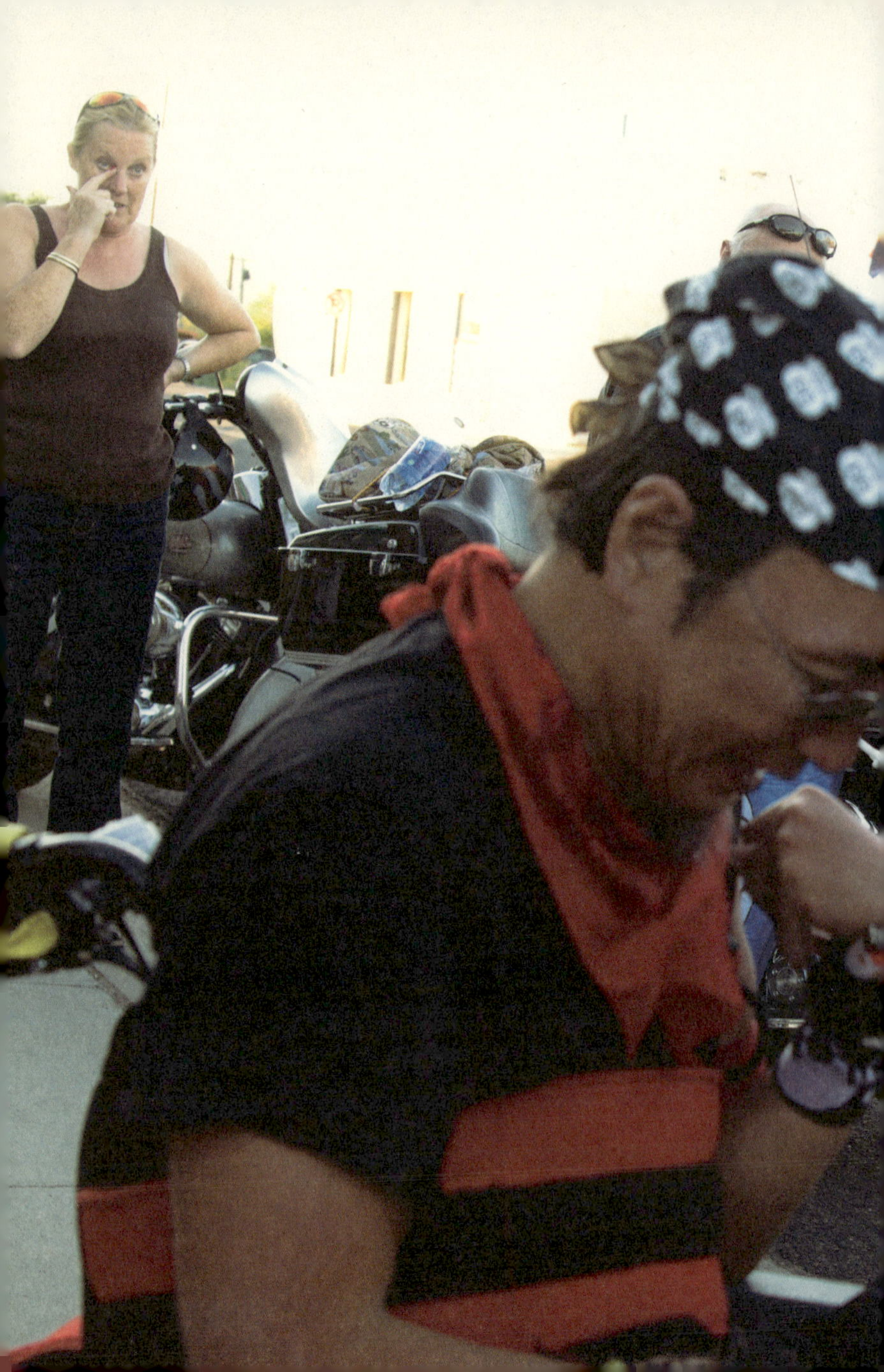

OFFICE

しばらく経って、車椅子に戻っても、まだ涙ぐんでるCAPを見てたら、
俺の中にも、なんか、いろんなものが溢れてきた。

今は車椅子に乗るCAPだけど、彼の心の真ん中には、
いつも、バイクっていうのがあったんだな。
その憧れの頂点に、ハーレーがあって、アメリカがあって。
事故ってからの20年間、自宅の部屋にこもり、自分と闘いながら、
ずっとずっと、それを夢見ていて。
だからこそ、あれだけ、涙が出ちゃうんだろうな…

ドッ、ドッ、ドッ、ドッって、刻まれるエンジン音に包まれながら、
優しい空気にふんわりと浸りながら。
その場にいるみんなの魂が、すごく喜んでいるのを感じた。

Nevada

RIP BOLLE

ルート66で、たまたま出逢った、ハーレー軍団とCAP。
人種なんて違くても、言葉なんか通じなくても、
バイクのエンジンの音だけで、一瞬で、熱い想いを共有して。
さらに、周りにいる俺たちも含め、
初めて逢った者同士が、みんなで強烈なハグをしあって。

CAPの夢があり、
その夢を一緒に叶えよう、っていうみんながいて。

夢を叶えた本人が、幸せなのはわかるけど、
それを一所懸命に手伝った俺たちまで、
こんなに幸せな気分になれるんだ、って、ちょっと、びっくりした。

誰かのために頑張るのって、気持ちいい。
誰かが喜んでくれると、自分も嬉しい。
なんか、久しぶりに、そんなあたりまえを、全身で思い出した気がした。

こういう感覚は、きっと、人類共通のものだ。
人間が、母ちゃんの子宮にいるときから持っている部分で、
まっすぐに響きあうところ。
こういうの、いいな。
このフィーリングを、みんなが思い出せば、
きっと、世界は平和になる。

US
66.
HISTORIC
ROUTE
66

Canyon
Lodge
WELCOME
LOW RATES
CONT-BREAKFAST
& WI-FI
Free Continental Breakfast
928-422-3255

ROUTE
66

ハーレー軍団が走り去っていくのを見送った後、
CAPが、静かに、力強く、言ってた。

「オレは、今まで、リハビリとかそういうものから逃げてた。やらないのは、すべて母さんのせいにしてた。でも、いつかまた、ハーレーにまたがって、エンジンかけて走ってみたい。だから、また、リハビリ頑張ろうかな。」って。

それを聞いた瞬間、俺の中で、また、テンションが超上がった。
さっき話していた、いつか自分の店を持ちたい、っていうのもそうだし、
CAPが、本気で、未来のことを語り始めてるなって。
いいぞ、いいぞ、CAP!

でも、まぁ、リアルな話をすればさ。
この旅が終わり、北海道の自宅に戻り、日常の暮らしが始まる中で、
本当にCAPがリハビリを頑張るのかどうかは、俺にはわからない。
でも、それは、CAP自身が決めることだから、俺がどうこう言うことじゃない。

ただ、事故ってからこの20年間、ずっと後ろ向きだった心の向きが、
少しでも前に向いてきたっていうことだけで、本気ですげえなって、想うんだ。
動きそうもなかった石が、少しずつ動き始めたっていうか。
ずっと眠っていた巨人が、ゆっくり目を覚ましてきたっていうか。
それは、もしかしたら、CAPの人生の中で一番と言っていいぐらいに、
大きい変化かもしれない。

でも、CAP、まったく焦ることないぜ。
CATCH THE WAVE，気持ちいいリズムでいこう。
自分の店でも、ハーレーでツーリングでも、なんでもオッケー！
俺たちは、いつでもウェルカムだ。
これからも、一緒に、ぶちかまし続けようぜ！

HISTORIC
ROUTE
66

Monument Valley
ROUTE
66
Grand Canyon
CALIFORNIA
Mojave Desert
ARIZONA
Seligman
Flagstaff
SANTA MONICA
Sedona
NEW MEXICO
Amarillo
Albuquerque
TEXAS
El Paso

Mojave Desert - Bagdad Cafe
モハーヴェ砂漠（バグダッド・カフェ）

BAGDAD
CAFE
OPEN 7 DAYS 7AM 7PM

ROUTE
66
ROADSIDE
ATTRACTION
OPEN

セリグマンでの熱い想いを胸に、深夜にラスベガスに到着。
さっそく、カジノで大負けして、身も心も疲れ果てて、爆眠！

翌朝、爆走して向かった先は、モハーヴェ砂漠。
ここは、言わずと知れた名画「バグダッド・カフェ」の舞台となった砂漠だ。
現在も、あの映画のモデルとなった小さなカフェが、ルート66沿いで静かに営業を続けている。

やっぱり、すげぇな、このカフェ…
やべぇ、ここだけ、あきらかに空気が違うよ。
あれ、今日はマジックやってないの？（笑）

あの映画を愛するものとしては、リアルなバグダッド・カフェがあり、古びたエア・ストリームが置いてあり、その向こうをサンタフェ鉄道が走り…そんな風景を見ただけでゾクゾクしちゃうのは、ある意味、当然として。
俺たちのテンションが、さらに上がったのは、映画にも出ていた隣のモーテルが閉鎖し、現在、売りに出されていたこと。

今回も一緒に旅をしているゆういち、ケンタロウを含め、何人かの友達と一緒に、「PLAY EARTH」という会社を創り、世界中の気に入った場所にアジト（店・宿など）を創り、経営している俺たちとしては、「バグダッド・カフェの横のモーテルが売りに出ている」という事実は、かなり強烈！
さっそく、とりつかれたように、建物の中をチェック、チェック！

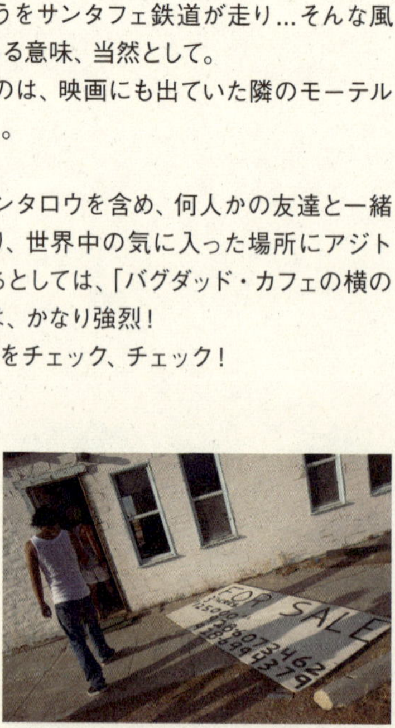

オイオイ、これ、マジで売ってるよ。とりあえず、連絡先、メモらなきゃ。
125,000ドルってことは、1千万ちょい？ ここなら… ありでしょ？
やっぱり、あのモーテルは、いつまでも、ここにあってほしいよなぁ。
映画のとおり、オンボロのままで、1泊25ドルのままで、手品セットも置いて…
画家がいて、刺青師がいて、ブーメラン投げの兄ちゃんがいて…
うん。これが復活したら、きっと、世界中から面白い人が棲みついてくるよ。
やべぇ。なんかスイッチ入ってきた。マジで、バグダッド・モーテル、復活させちゃうか？
いいねぇ、いいねぇ。現実的な話、もし、ここで始めるとしたらさ…

いつものように、遊びの旅が、一瞬にして、物件調査の旅に早変わり！
さっそく、内装のイメージから、宣伝や資金の調達方法まで、ワクワクドキドキの企画会議？が始まっていくのでした。

MOTEL
FOR SALE
3½AC ROUTE 66
3 UNITS COMMERC
125K OBO
928-699-4379

モニュメントバレーの事故で壊れたハーレーの代わりに、
近くの町で、トライク(3輪バイク)を借りてきた、ケンタロウとダイちゃん。

CAPさ、今回の旅で、何度かバイクにまたがったけど、
まだ、風を切って走ってねぇじゃん。
俺たち、トライク借りてきたら、これなら安全でしょ。
後ろの席に乗ってみなよ。
一緒に、風切って走ろうぜ！

もちろん、CAPも、ノリノリで。
バグダッド・カフェの目の前を走っている、ルート66で、
バイクの後ろに乗って、実際に走ってみたくないわけがない！

さぁ、行くぞ！　レッツゴー！
ルート66を、高速で走り抜けながら、何度も、何度も、右手を上げて、
ピースサインをするCAP。
20年振りに感じた、「風」が、あまりにサイコーだったんだろう。
胸を張って、右手を突き上げるCAPは、すごく堂々として、かっこよかった。

いつも、なにかと、「ごめんなさい」って謝っているCAPじゃなくて、
昔、暴走族のアタマ張ってた頃のCAPのオーラが、戻ってきたっていうかさ。

母ちゃんの幼なじみであり、昔からCAPのことを知っている洋ちゃんも、
「うわー、なんか、CAP、かっこいいねー。あんなに胸張って、まっすぐに手を伸ばして。あんなCAP、ここ20年、見たことないわね。よかった、よかった。」って、つぶやいてて。

「あのこ、嬉しそうねぇ…」って、母ちゃんは、また涙ぐんでるし…

普段は悪いことばっかりしているダイちゃんも、
CAPを後ろに乗せて走り終えた後、一緒にギュッと握手をしながら、
なんか見たことないくらい、善人なスマイルしてるし。

みんな、サイコーだった。

1-800-RV4RENT
66

バイクから降りたCAPは、ハイウェイに刻まれたルート66のサインを見ながら、
何度も、何度も、つぶやいてた。

「やっぱり、バイクは、乗せてもらうものじゃない。自分で乗るものだ。」って。
自分に言い聞かせるように、繰り返し、同じこと言ってて。

「乗せてくれてありがとう。」って言う代わりに、そう言ってたのが、
すごくCAPらしいっていうか。男気があって、いいなーって。

CAP、このルート66に、絶対また来ようぜ。
もちろん、今度は、CAPの運転で、よろしくな！

ROUTE
66

Monument Valley
ROUTE
66
Grand Canyon
CALIFORNIA
Mojave Desert
ARIZONA
Seligman
Flagstaff
NEW MEXICO
Amarillo
SANTA MONICA
Sedona
Albuquerque
TEXAS
El Paso

Santa Monica サンタモニカ

夕焼けに包まれるバグダッド・カフェを出て、夜のフリーウェイを、西へ。
いよいよ、ルート66の終点であり、今回の旅のゴールである、
西海岸のサンタモニカが近づいてきた。

車内で、急にCAPが無口になって、下を向いているので、
なんか元気ないね。どうした？って聞いたら、
「この旅も、今日で終わるんだね。もうすぐ、到着するんだね…」って、
寂しそうな顔で言ってて。

センチになっているCAPの横で、運転手のかんちゃんは大騒ぎ。
俺は、それどころじぇねぇー！
ウィンカー壊れてるし、ライトも暗いし、おまけにナビまで壊れちゃうし…
いい加減、やばいよ、この車！ 無事に着いてくれー！
プップップー！ オオー！ あぶねぇ、あぶねぇ…

高層ビルの群れがキラキラ光る、ロスのダウンタウンを抜け、
サンタモニカビーチのカラフルなゲートをくぐり、
駐車場に車を停めて、みんなで桟橋をトコトコ歩いていくと…
目の前に、ルート66の終点を告げる看板が出現した。

SANTA MONICA
66
End of the Trail
ROUTE
66

SANTA MONICA
66
End of the Trail

やったー！ ゴール！
走行4200キロ！ 車の故障4回！ 事故1回！
その他、いろいろ壊れたけど、全員、無事に到着！
なんとか走り抜いたぜい！ おつかれ！

俺たちは、いよいよ、この旅のゴールに到着した。

まずは、みんなで、カリフォルニアの夜風に吹かれながら、
ゆっくりと、ゴールの余韻に浸って。

でも、なんか、毎日がトラブルの連続だったから、
正直なところ、まだ、旅が終わったっていう実感が、あまりわいてこなくて。
今にも、また何か、大事件が起こりそうっていうか。

でも、印象的だったのは、ゴールしたときのCAPの表情。
なんか、今まで見たことないくらい、すごく穏やかな顔をしてて。
テンションが上がっている感じでもなく、寂しそうなわけでもなく。
ふんわりと柔らかくて、ある意味、仙人みたいな空気を出してた。

YAMAHA

みんながいなかったら、ここまで来れなかった。
本当にみんなが頑張ってくれたから、この旅が出来た。
心から、ありがとう。
by CAP

今回の旅で、ずっとあきらめていた夢が叶ったから。
なんか、また、人生が動き始めた気がする。
by CAP

66

旅の終わりは、旅の始まり。
オレの場合も、本当の旅は、これからです。
by CAP

e...but not forgotten
ROUTE US 66
MOTHER ROAD
ROUTE US 66
USA
HISTORIC
ROUTE US 66
ROUTE
ROUTE US 66
AMERICA
HIGHWA
ILLINOIS US 66
MISSOURI US 66
OKLAHOMA US 66
OLD ROUTE 66
66 HISTORY
ROUTE 66 FUTURE
Chicago
3347 Miles
Home on the Range
SANTA MONICA CALIFORNIA ROUTE 66
The Last

Chicago to
ROUTE
US
66
Los Angeles
66
ROUTE
US
66
"Get your kicks on America's Main Street!"
ROUTE
US
66
ROUTE
US
66
Official Headquarters
Santa Monica
2347 Miles
US
66
Shop on
Route66

OREGON
IDAHO
Boise
NEVADA
Sacramento
Carson City
CALIFORNIA
Salt Lake City
UTAH
ARIZONA
Phoenix
WYOMING
Cheyenne
COLORADO
Denver
NEW MEXICO
Santa Fe
SOUTH DAKOTA
Pierre
Bismarck
NEBRASKA
Lincoln
KANSAS
Topeka
OKLAHOMA
Oklahoma City
TEXAS
Austin
IOWA
Des Moines
St. Paul
WISCONSIN
Madison
MISSOURI
Jefferson City
ARKANSAS
Little Rock
LOUISIANA
Baton Rouge
ILLINOIS
Springfield
MISSISSIPPI
Jackson
Indianapolis
KENTUCKY
Frankfort
TENNESSEE
Nashville
Montgomery
Atlanta
GEORGIA
FLORIDA
MICHIGAN
Lansing
Columbus
WEST VIRGINIA
Charleston
VIRGINIA
Richmond
NORTH CAROLINA
Raleigh
SOUTH CAROLINA
Columbia
PENNSYLVANIA
Harrisburg
Annapolis
Dover
NEW YORK
Albany
ERS
Takizawa (CAP)
kizawa
kizawa
zawa
no
ika'ashi
uhara
nwabe
o
Kanda
& movie team -
ashi
gino (highrockfilm)
rakoshi
iyazaki
Nakagawa
CAP
OUTE
DON'T STOP!

EPILOGUE
旅を終えて

STRAY CATS

この旅の最初に、俺が気になったのは、
CAPの「ごめんなさい。ごめんない。」という口癖。

周りの誰かが、なにかを手伝ってあげたとき、
CAPは、すぐに、「I'm Sorry, ごめんなさい。」って。
1日、何回も、何十回も、口癖のように言ってた。

俺、それは、なんか違うでしょ、って、違和感を感じて。
事故にあって車椅子になったっていうのは、
別に謝ることじゃないし。

「ごめんなさい」じゃなくて、せめて、「ありがとう」にしようぜ。
「ごめんなさい」は禁止！って。

そしたら、少しずつ、空気が変わっていった。
CAPの周りにあったバリアみたいなものが、だんだんと溶けていった。
今想うと、あれは、大きかった。

「ごめんなさい」って言われると、なんか、せつなくなるけど、
「ありがとう」って言われると、なんか、気持ちよくなるもんね。

CAPと一緒に旅をしながら想った。

「障害者」だろうが、「健常者」だろうが、そんなの関係なく、
やっぱり、夢があるっていいな、って。
だからこそ、人は頑張れるんだな、って。

今回の旅中、ずっとそばでCAPを見てて、驚いた。
CAPにとっては、実際、体力的にも、精神的にも、
めっちゃくちゃヘビーな旅だったと想うけど、
泣き言ひとつ言わずに、いつもキラキラした瞳で、先頭を走ってたから。
人が夢を叶えようとする時のパワーって、本当にすごいな、って感動した。

これからも、互いに、自分の描く夢に向かって、
どんどんチャレンジしていこうぜ、CAP。

CAPは、うまく動かない左の手首に、
いつも、黒いドクロマークのリストバンドをして、
それに、クシを挟んでてさ。
どこに行くにも、なにげに、自慢のヘアーを気にしてんの。

シャツも、バンダナも、グラサンも、帽子も…
かっこいいの、いっぱいコレクションしているし。

46歳になっても、車椅子になっても、
やっぱり、ロックンローラーだ。
そういうの、サイコー。

YES! 18 TILL I DIE!

U S
66

CAPが、この旅を通して、どう変わったのか？
この旅を終えて、そういうことを何度か聞かれたけど…
そんなの知らない。よくわかんない。
そうやって、すぐにわかりやすい結果を求めるのは、良くないと想う。

人間なんて、そう簡単に、コロコロ変わるもんじゃないし。
焦らずゆっくり、自分のペースで進んでいけばいいじゃん。

CAPの場合、変わった変わらないうんぬんよりは、
毎日毎日、泣いたり笑ったり、本当に忙しかった。
さんざん泣いたと思ったら、さんざん笑って、こいつ凄いな、って。
こんなに感動できるって、正直、うらやましいな、と想った。

旅なんて、シンプルに、「楽しかった！」って想えれば、俺は充分だと想う。
楽しい！　気持ちいい！　サイコー！っていう感覚や感動。
結局は、それが一番、人を変えていくと想うから。

すべては、頭からじゃない。
ハートから始まるんだ。

人生は短い。地球は広い。
俺たちに、ぐちゃぐちゃ考えている暇はない。

ワクワクセンサーを全開にして、
自分の信じる未来に、おもいっきりダイブしようぜ！

今回、一緒に旅をした俺の仲間は、みんな、世界中で、いろいろと遊んできている連中だけど、今回の旅は、飛びきりだったね。

ここで、一緒に旅をした仲間の感想も聞いてみようか。

まずは、世界中で、魚と女を釣り上げている、ボヘミアンゆういち！

member:
Yuichi Okuhara

ゆういちです。
世界をぶらぶらしながら…何してるんだろうな？ ふらふらしてます。
釣りしたり、店や宿を作ったり、パーティーやったり、いろいろ。

今回の旅ですごい感じたのは、とにかく、鳥肌の多い旅だったなって。
まあ大自然もそうだけど、人の喜怒哀楽、いろいろあった。
事前に予定とか全く決めてなかった旅だから、最初どうなることやらって思ってたけど、なんか、予定してないからこその素敵な出会いがいっぱいあって。それは人であったり、自然現象であったり。
そういうので、すごい鳥肌の多い旅だったなっていうのはあるよね。

俺たちがCAPのために自分を抑えるんじゃなくて、いつもどおりの自由な俺たちの旅に、CAPや母ちゃんや娘さんたちが加わって、また、さらに楽しくなったっていうかさ。みんな、いい顔してたし、かなり楽しめたんじゃないかな。
俺自身、すごい楽しかったし。

CAPは、肉体的に、ハンディーキャップを負ってるっていう事実はあるわけじゃん。
俺も、今までそういう人と一緒に過ごした事って、ほとんど無いし。
わずか10日間でも、苦労っていうか、不便さは、もちろん、たくさん感じたけど、でも、やっぱり、人の支えがあれば、ちゃんと超えていける壁なんだなっていうのは、おもいっきり実感した。それを実感させてくれたCAPの存在っていうのは、ありがたかったなと思うね。

この旅は、20代から70代まで、すごい多彩なメンバーだったけど、
俺は全体を見ながら、自然にバランスをとってた気がするな、いつも。
みんなが楽しめる素敵なイメージっていうのを持ったうえで、
みんなが一点に集中しているときは、俺は、一歩引いて俯瞰する立場になるし、何かあれば、先頭きって集中しちゃうときもあるし。
なんか常にそういう目線で、今回の旅も、全体を見てた感じがする。
みんなマイペースなのに、一体感があって、すごくよかったよね。

次は、悪そうに見えるけど、実はいい人、ケンタロウ！

member:
Kentaro Kawabe

かわべけんたろうです。
バハマで、野生のイルカと泳ぐツアーをやってます。

今回の旅で印象に残っているのは… 個人的には、やっぱり、事故？
もちろん、ハーレーぶつけちゃったのは印象に残ってるけど、今回の旅のテーマは、やっぱり、「破壊」かな。なんかもう、キャンピングカーも2台ともぶっ壊れたし、ハーレーも2台とも壊れたし、撮影隊の車も壊れたし、CAPの車椅子まで横転して…(笑)　それぞれが、今まで持っていた何かが、一度、全部ぶっ壊れるみたいな？ それが、すごい印象的だね。
でも、そこから、またみんなで、新しく作っていった感じがするよね。

今回の旅は、みんな個性が強くて、ぐちゃぐちゃのメンバーだったけど、それが、また面白くて。共同生活しながら、みんなそれぞれ、勝手に自分の役割とか見つけて、うまくバランスをとったりしてるしさ。
CAPもそうだし、俺らもそうだし、もちろん、娘さんたちとかお母さんたちとか、
みんなの顔が、いい感じに、どんどん変わっていったもんね。
それも、すごく印象的だったな。

障害者って言っても、そりゃ、やっぱり不自由だったり、不便だったりもするけど、健康な奴らと同じで、熱い気持ちを持って、仲間を作れれば、なんでもできるよな、っていうかさ。
周りのみんなが協力したり、応援すれば、アメリカに来て旅をすることも、
あんな山に登ることすら、ぜんぜん可能になっちゃうんだよな、っていうのは、すごく感じた。

もっともっと、旅していきたいね。
今回の旅も、だいぶ意味があったし。
全員が、かなり刺激を受けた旅だったんじゃないかな。
俺も、相当、刺激受けたし、最高、面白かった。

そして、エロそうに見えて、本当にエロい、ダイちゃん！

member:
Dai Matsuo

松尾大です。
フィットネスクラブとかホテルとか家電屋とか不動産とか、なんか、いろいろ経営してます。ちなみに、危ない人じゃないです。

今回は、やっぱりね、CAPをセドナの山の上に連れて行った時の、あの、みんなで、「やったー！」みたいな。「キター！」って言うときが、最高に面白かったね。あれ、マジで重かったから(笑)、達成感がすごいあったね。
俺は、正直、アブねえから、やめといたほうがいいんじゃないかなって思ったんだけど、ここで、「やめよう」って言ったら、みんなから嫌われるんじゃないかってぐらいの熱いムードがありつつ、でも、やっぱり、山頂に登らないと見えない光景があるから頑張るか！っていう感じでさ。
いつも頭の中に、最高の光景、みんなで喜んで騒いでる光景があったよね。
だから、頑張れたかな。

CAPは、やっぱり、愛があるよね。
そんで、とにかく、よく泣くんだよ。毎日、泣きまくりで。
でも、CAPが泣くと、なぜか、みんな泣いちゃうっていうか。
バグダッド・カフェで、CAPをバイクの後ろに乗せて走ったときもそうだったけど、
CAPは、なにも、しゃべってないのに、ビンビンで何かが伝わってきて、
知らぬ間に、全員が同じ気持ちで、ひとつになっちゃって。
それって、鳥肌が立つし、すげぇな、って想った。

今回の旅では、何回もあったけどさ。
普通だと不可能な事を、どんどん可能にしていくじゃん、みんなで。
まぁ、なんでもそうでさ、「無理だ」って言ったらやっぱ無理だけど、
「無理じゃねぇ」って言ったら無理じゃねえんだなって。
今回、心から思ったね。やりゃ出来るじゃん！ やっぱり、って。
今回の旅は、ほんと、意味あったよ。意味あった。
俺も、これから頑張るよ、いろいろ。
また、旅しようよ、みんなでさ。

見かけはビジネスヤクザだけど、実は優しいお父さん、かんちゃん！

member:
Hidetoshi Kanda

神田ひでとしです。
みんなからは、かんちゃんと呼ばれてます。
仕事は自営業、いくつかの会社を経営しています。

CAPと空港で初めて逢ったときに、なぜか、すごく伝わってきたんだ。
この人は、めちゃめちゃアメリカに行きたかったんだな、って。
そのイメージが、まっすぐに伝わってきたんで、もうすんなりで。
車椅子だろうがなんだろうが、ひとりのトモダチとして、
すべて受け入れて、一緒に旅を楽しもう、って思ってた。

今回の旅は、やっぱ、セドナかな。最初、あり得ねーよと思ったの。
セドナの山を見て、ここを行くのかと。あり得ねーって。
どうやって行くのかっていえば、俺らが、かつぐしかないんだろうなと。
最初、オイオイ、と思ったのが、正直なところ。
でも、結局、あれ、登っちゃったもんね。やばいよね。

今回の旅は、あまりに濃すぎてね。
どれかひとつっていうのが、言い切れない感じで。
逆に言えば、最初から最後まで、平凡な日が一日もなかった。
それが、すごく印象に残ってる。
歩くんの本じゃないけど、ほんとに、「毎日が冒険」だった。
よくある遊びツアーでもなければ、パックの観光旅行でもまったくない、
毎日が冒険だらけで、今回、一緒に旅をした仲間が、みんなトムソーヤみたいな顔をして、どんなトラブルが起きても、悪たれることなく、みんな、ニコニコしてたっていうのが、ほんとに最高だったなって。
やっぱ、これからも、冒険したいよね。

Nikon D700 FX
the ROHO group

CAPの家族のみんなにとって、今回の旅は、どうだったんだろう？
ここで、CAPの家族の感想も、聞いてみよう。

まずは、CAPの娘であるふたり、リサコ(姉)、エリコ(妹)！

member:
Risako＆Eriko Takizawa

姉／ リサコです。CAPの長女です。
妹／ エリコです。お父さんの娘、次女です。

姉／ 最初、お父さんのCAPが、この旅に行くっていう話を聞いたとき、それは無理だろって。無理だーと思って。
妹／ 騙されてるんじゃないの？ 詐欺なんじゃないの？って思いました。
姉／ なんか、いきなり現れた人たちが、CAPをアメリカ旅行に連れて行ってくれる？みたいな話を聞いて、なんかずっと信じられなくて、お金だけとられて、アメリカに置き去りにされて… みたいな詐欺なんじゃないか、って話してて。妹とふたりで心配してたら、ほんとに行くことになっちゃったから。
妹／ 周りからも心配されたよね。なにそれ、絶対、詐欺だよ、みたいな。
姉／ ふたりで、たくさん話し合いました。そして、どっちかが付いて行ったほうがいいんじゃない？みたいな話になって。
妹／ 最初、正直、行きたくなかったけど、一緒に行くという高橋歩さんのことを、いろいろインターネットで調べて、本も売ってるって知って。近所のツタヤとかにも本が置いてあって。それ見て、ああこの人と行くんだ、みたいな感じで。じゃあ大丈夫なのかな？と思って、行こうかなって思いました。
姉／ 私も、どうせなら、チャンスでもあるし、行ってみようかなと思って。だんだん、ふたりで行ってみようか、みたいな話になって。

姉／ 最初、旅の日程やコースを聞いても、予定が立ってないっていうのが不安でしょうがなくて。海外なんてほとんど行ったことないし、わかんないことだらけで不安なのに、先の予定も何も決まってなくて、予定を誰かに聞こうと思っても、みんな「わからん、知らん」みたいな。どうなの？みたいな感じで。結局、誰に聞けばいいのか分からなくなって、なんかワーってなって。とりあえず、トイレに駆け込んで泣いてました(笑)。でも、その後、歩さんたちと話して、だいぶ、スッキリしてきて…結局、今までのツアーとはまったく違って、いろいろとアクシデントも多いけど、やってみたら、こういう旅、楽しいと思いました。なんか予定通りのことが起こるよ

り、びっくりすることのほうが感動が大きいみたいな。初日から、白い砂の砂漠に行って、想像してるのと全然違ったから、びっくりして感動しました。

姉／ お父さんのCAPは、車椅子だし、あんなにわがままなのに、みんな、こんなに親しく話してくれたり、あんなに一所懸命、CAPのために運んでくれたり、ベッドまで乗せてくれたり… そういうのは、本当にびっくりした。世の中にこんな人がいるんだなっていうのに、驚いて。なんか友達っていうだけで、みんなが、こんなに集まって、頑張れるんだなって。そんな人が、実際にいるって知らなかったから、私、世間知らずだったなぁって。
妹／ 仲間たちのお父さんに対する優しさを見て、私も、困ってる人っていうか、手を貸して欲しい人に気づいて、手を貸してあげられる余裕とか、そういうのを学んだ気がする。

姉／ 私たちが子供だった頃は、お父さんが車椅子って人は周りにはそんなに居ないので、恥ずかしかったし、ああやって派手な格好して町をウロウロするのも、若干、恥ずかしかった。だから目立たれると、「ちょっとやめてよ」みたいな感じになったり。
妹／ でも、今は…
姉／ もう慣れた（笑）。でも、やっぱり、CAPがいなかったら、私たちも生まれてないし、CAPが車椅子じゃなかったら、こんな旅にも来れなかったし。なんか小さい頃は、恥ずかしかったけど、今は、別に恥ずかしいとは思わない。むしろ、今回の旅は、周りの親しい友達にも、知らなかったみんなにも、知ってもらいたいと思えるような、いい旅でした。

姉／ 旅の途中で、自分の中ですっきりした感じがあって。自分の中の何かが割れた？ 開いたっていうの？ もう、こういう経験は出来ないかもしれないし、難しく考えないで、なんでもやってみようと思って、やってみて… それが正解だった。今まで、やる前から、自分の中で出来ないとか、無理だと決めつけていたことが多かっ

HISTORIC

たけど、今回の旅で…
妹／「絶対、無理」とかは、やめようって思ったんだよね。
姉／ そう、「絶対なんとか」って言葉は使わないようにしよう、みたいな。今回の旅に行く前は、英語もしゃべれないし、ずっと、日本にいればいいのよって言ってたけど。もし、英語をしゃべれるようになれば、どこにでも行けるし、バイクも乗ってみてすごい楽しかったから、大型免許もとってみたいし、今までやってみたいなと思ったけど、ちょっと無理だと思ってあきらめていたことを、今は、日本に帰ってやってみようっていう気になってる。前向きに考えられるようになったのは、成長だと思います。
妹／ こんなのは初めてだったけど、旅も悪くないよね？
姉／ 最初は、もうほんと、キャンピングカーっていっても、ただでさえCAPは体が汚れやすいので、そんなことも心配だったし、自分たちも、お風呂に入れなかったらダークだよねっていう話もしてたけど。皆さんのおかげで、毎日お風呂にも入れて、幸せでした。
妹／ わたしも、今までより、いろんな意味で、前向きになれた気がする。

次は、CAPの母ちゃんの幼なじみである、洋ちゃん！

member:
Yoko Hirano

わたしは、洋ちゃんです。
普段、仕事はお手伝いさんの仕事をしてます。
てるこさん（CAPの母ちゃん）と、小さい時からのお友達なので、今回の旅に、てるこさんが行く事になって、洋ちゃんも、一緒に行ってくれたらいいなって言われたんで、私は「はい」、ふたつ返事で「お供します」と言いました。
そして、付いてきました。

最初、アメリカに行く、ということしか知らなかったので…
こんな旅になるとは夢にも思わなかったけど、実に楽しかった。
特に、あの星空です。星空。もう何十年ぶりに、あんな360度なんにもないところで空を見上げて、天の川なんていうのは、話には聞いたことあるけど、一度も見たことなくて。今回、初めて、天の川っていうものを、見ることが出来て。
高校生の時に、プラネタリウムで見て以来だから、うーん、何十年？
55年ぶりかしら？　で、ほんとに感動しました。あれは、特に素敵でした。

今回の旅は、楽しい若者たちと行くとは聞いていたけど、来てみてびっくり。
みんな、志を持ってて、いったん事あればパッと集まって、困ってる人を、なんとかしてあげたいっていう気持ちで動けるのは、すごいな、って。
今のこういう、荒んだというか、そういう世の中には貴重な珍しい人たちだな、と想って。なかなか、こんな人たちは、いないですよ、ほんとに。
若い人達がね、みんなで、誰かひとりのために協力して、一所懸命になってるっていう姿なんていうのは、なかなか見れないしね。
私も、今まで70年も生きてきて、久しぶりにすごく感動しました。

バイクの後ろに乗せてもらったときも、そう。
私、いい年して、とんでるなーと思って、嬉しかったわ。
こんなこと、一生に一度しかないけれども、ほんとに、こんなばーちゃんにね、みんな、なんていうか、気軽に優しく声を掛けてくれたりして。
こんな楽しい思いが出来るなんて、思ってもみなかった。
こんなのはもう、それこそ、何十年ぶりよね。そんな経験で。とても楽しかった。
なんか若いときの青春を取り戻したような気がしました。

最後は、CAPの母ちゃんに。

member:
Teruko Takizawa

滝沢てるこさんです。
自分で、「さん」つけたら変？
フランチャイズのダスキンをやっております。

高橋歩さんを知ったのは、ある日の新聞広告で。
ユニークな人がトークにいらっしゃるんだなぁと思って、ピンときて。
その朝、体の具合が悪かったんだけども、とにかくお話を聞くだけでも行きたくて、何かに、とりつかれたようにして行きました。
そしたら、歩さんがコカ・コーラを持って舞台へ出て来たので、オオーと思って。飾らないトークを聞いて、自由人であっても、なんかひとつ筋の通ったところを感じて。うちの息子と、何かしら人生観が近いような、好みが近いような感じがしたんですね。だから、絶対に、息子に会ってもらいたいと思って。
トークの後、無理に楽屋に行って、お願いしまーすって言いました。

この旅は、本当に、よかったことばっかりです。
もう大冒険だったし、みなさんが、ほんと、一所懸命に支援してくださって、
最後に、半身不随の息子が、バイクにまたげるなんて思ってもみなかったから、それが、本当に嬉しかったです。
移動から下の世話まで、いやぁ、よくあんな事までしていただけるなって思って、ただただ、感謝、感動でした。もう、何も言えないくらい。
こんなに素晴らしいことに出会えるなんて、正直、思わなかったです。

皆さんがあまり一所懸命してくださるので、なんとか美味しいもの食べていただきたいと思って、いつも、エプロンして頑張りました。
みんな満足してくれたかな？

今回の旅でも、普段の生活でもそうだけど、息子と暮らすうえで、一番大変なのは、あの人は、根本は、すごく素直で優しい人だけど、やっぱり、自分の体が動かないことに対してのいらだちがあるでしょ。
それが反動になって、いろいろと反抗したり、私にどなりつけたり。こちらは、あっ

たかい気持ちで、息子に接してるつもりなのに、ワワワーってこうね、乱暴な言葉が返ってくるのが一番、一番ショック。
彼自身もね、私に反発してワーワーどなっているのは、幸せじゃないでしょ?
私に限らず、他人に感謝してこそ、自分も幸せになれるわけで、あんなふうに他人を責めてばっかりいても、その後に残るのは空しさだけだろうし。
どうして、自分ってこうなんだろうって、いろいろと悩むと思う。空しさの中で。
それが、本人にとって、決していいことじゃないと思うしね。
それが… うん。きついといえば、きついわね。

今回の旅をしている間、息子は、今までのような、ちょっと無理して強がって、かっこつけてるような感じがなくて、心から、まっすぐに感動を表していた事が、すごく印象的でした。それが、嬉しかったわね。

この旅の経験をね、めったに出来ない経験を、あそこまでさせていただいたんだから、今後、何か苦しい事があっても、腹立たしいことがあっても、自分は、こういう夢があるんだってことを土台にして、もう少し感謝したり、周りに思いやりを持ったりして、生きていって欲しいな、と思います。
それが、本人の幸せだと思うから。

私もね、人の世話になりたくない、出来るだけ、すべて自分で解決したいって、常に思ってやってきたけれど、この旅を通して、皆さんとの関わりを通して、そうじゃないんだーって、もっと、素直になってこそ初めてね、なんて言うんだろう、私も、息子も、楽しい生き方に変わっていくんだっていうことをね、今、感じるようになってきたんですね。
なんでも、自分がしなきゃ、しなきゃなんないっていう気持ちじゃなくて、
もっと、力を抜いて、息子に寄り添う気持ちでいいんだって。

障害者なんていうのは全然いない。いるとしたら、みんなだと思います。
障害っていう言葉を使うんだったら、みんな障害者。
目が悪いから眼鏡をかけていたり、背が低いから底の高い靴を履いている人もいる

けど、それも、ひとつの障害でしょ？
だから、障害なんていう言葉は、背が高い人、太った人、細い人、眼鏡かけてる人 ...
根本的には、みんな同じだと思う。
人間は、誰しも、なにかしら、障害を持っているわけでね。
だから、障害者って言って、自分を特別扱いしないで、自信を持って生きていこう！って、私ね、夢中になって言ってきた。

私自身も、この年齢になってね。
この年で、私のような冒険の旅をした人はいるだろうか？
っていうくらい、この旅は、大冒険でした。
さすがに、身体はちょっと疲れたけど ... 本当に楽しかった。
みんな、本当に、ありがとうございました。

今回の旅を終えてすぐに、
みんなで、「第2弾の旅はいつにする?」っていう話が出て。

そのときに、あらためて想った。
ほんと、みんな、楽しかったんだな、って。

もし、CAPの夢を叶えてあげるためだけの旅だったら、
終わったことで、ホッとして、終わり。
第2弾も行こうぜ！なんて話は、絶対に出ないだろうし。

人の喜ぶことをすると、自分が楽しくなる。
人間って、心の根っこに、そういう性質を持ってるみたい。

「幸せ」ってものを考えるとき、
大きなヒントは、きっと、その辺にある気がする。

CAPと一緒にいて、
俺は、CAPから、いっぱい、いろんなものをもらった。

CAPは下半身と左腕が不自由だから、
目に見えるものだけ見たら、やってあげてることが多いかもしれない。
でも、目に見えないものを、俺、いっぱいもらったと想う。

今回の旅で、俺たちが、こんなに泣いたり、笑ったり、感動できたのは、
ルート66やアメリカへの旅だったからではない。
それは、CAPと一緒に、旅したからだ。
CAPという人間が発している何かに、それぞれの心が反応したからだ。
もし、CAPと一緒じゃなかったら、
見えなかった風景、開かなかった扉がいっぱいある。

「障害者」って、何をさしているのか、今だによくわからないけど、
俺は、CAPのこと、ひとりの友達として、リスペクトしてる。

CAPの描いた自画像を見ながら。
俺は、今、想う。

CAP。
互いに、生きてりゃ、いろんなことがあるけど、
人生は、止まったら終わりだべ。
お互いに、死ぬまで、転がり続けようぜ。

16:00Pm~10
cloud,☆16:56Pm
"I☆ think, Look larger than life at, Eye
CAP☆TAIN☆
亜呆利加☆
大将☆
Real visited,
10th '09
09:27Am
"Sorry~, Almost always visiter
Jan☆24th'10
☆11:31Am
《アクセント CAP☆TAIN☆ Sorry~!》
Real date at,
MAR☆ 16TH '09
cloud, ☆09:42Am
I☆ wish, Groovy 為
01:03Am
CAP☆
cloud,
I☆ wish
01:13Am
STRAY CAP☆
cloud,?
I☆ wish
CAP☆TAIN☆ 亜呆利加☆
Real date at,
Mar☆ 3rd '09
I☆ wish,

1-800-RV
CRUISE

オレの仕事は、生きること。
オレの夢は、歩くこと。
by CAP

ROUTE
66

DON'T STOP!

行こう、どこまでも。

人生の本番は、これからだぜ。

66

BAGDAD

SANTA MONICA
66
End of the Trail

END

ROUTE 66 DON'T STOP!

PRESENTED BY PLAY EARTH
TEXT BY AYUMU TAKAHASHI
PUBLISHED BY A-WORKS

MEMBERS

Takanori Takizawa (CAP)
Teruko Takizawa
Risako Takizawa
Eriko Takizawa
Yoko Hirano

Ayumu Takahashi
Yuichi Okuhara
Kentaro Kawabe
Dai Matsuo
Hidetoshi Kanda

- picture & movie team -
Kenji Kohashi
Hiroki Sugino (highrockfilm)
Shinji Murakoshi
Shinya Miyazaki
Hironori Nakagawa

ROUTE 66

*El Paso
*Albuquerque
*Sedona
*Monument Valley
*Grand Canyon
*Seligman
*Mojave Desert
*Santa Monica

FACTORY A-WORKS

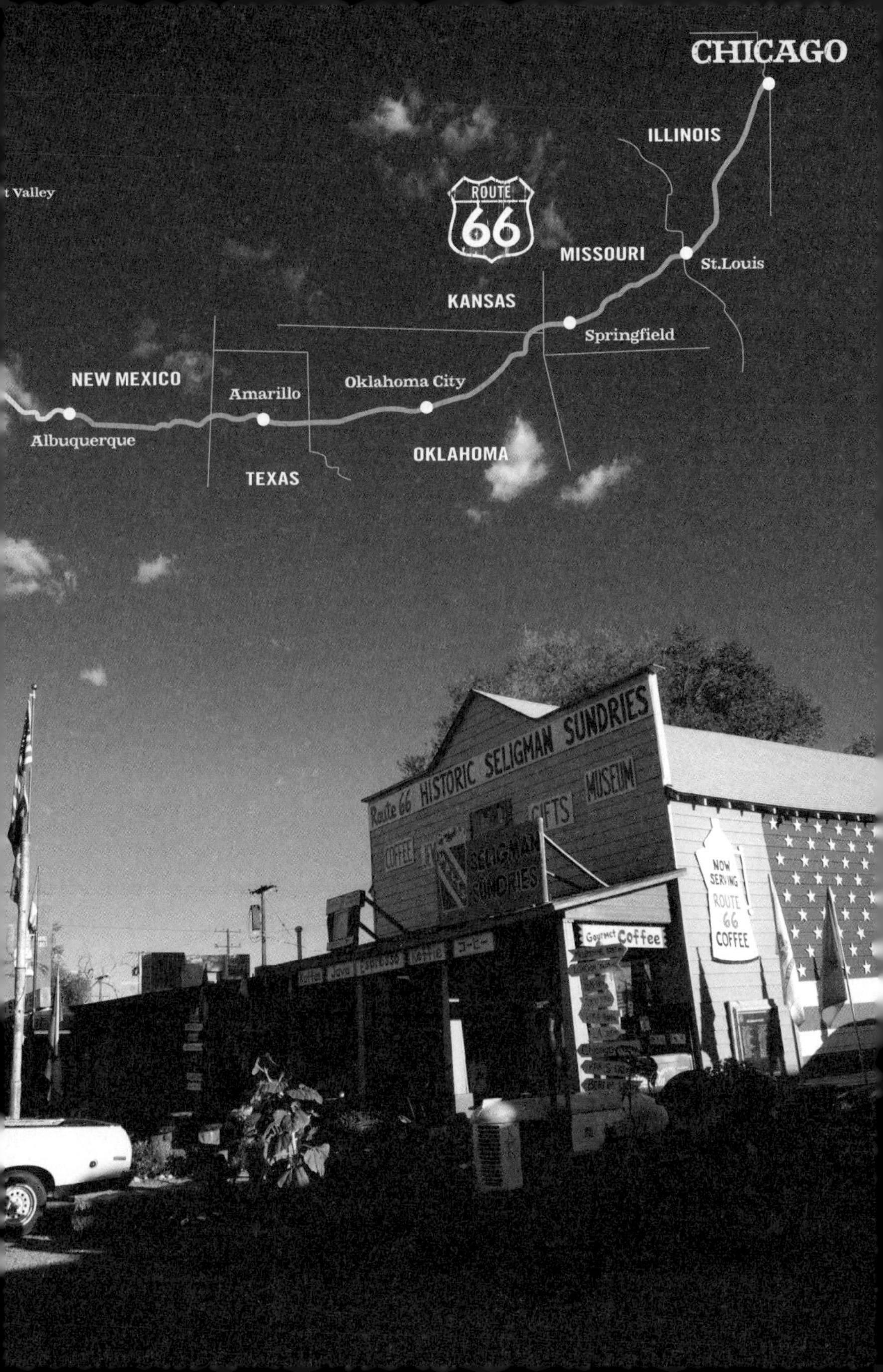
CHICAGO
ILLINOIS
ROUTE 66
MISSOURI
St.Louis
KANSAS
Springfield
t Valley
NEW MEXICO
Amarillo
Oklahoma City
Albuquerque
OKLAHOMA
TEXAS
Route 66 HISTORIC SELIGMAN SUNDRIES
GIFTS
MUSEUM
COFFEE
SELIGMAN SUNDRIES
Gourmet Coffee
NOW SERVING ROUTE 66 COFFEE

DON'T STOP! SUPERVISOR 監修

PLAY EARTH Inc.

世界中の気に入った場所に、アジト＝秘密基地を創る会社。
カフェバー、ゲストハウス、ライブハウス、アイランドビレッジ…など、スタイルはFREE。
国籍問わず、楽しい大人たちが出逢い、悪だくみをするための遊び場を世界中に創り、
そこから楽しいもの、とんがったものを、次々に発信している集団。

すべての革命、すべての伝説は、人と人が出逢うことから始まる。
世界中のどこかで、秘密のアジトで逢いましょう。

●www.playearth.jp

高橋歩　Ayumu Takahashi

1972年東京生まれ。自由人。
20歳のとき、大学を中退し、仲間とアメリカンバー「ROCKWELL'S」を開店。2年間で4店舗に広がる。23歳のとき、自伝を出すために、仲間と「サンクチュアリ出版」を設立。自伝の『毎日が冒険』がベストセラーに。26歳で結婚。すべての肩書きをリセットし、妻とふたりで世界一周の旅に出かける。帰国後、沖縄へ移住し、自給自足のアートビレッジ「BEACH ROCK VILLAGE」を主宰。現在は、家族4人で無期限の世界一周旅行をしながら、世界中の気に入った場所で、仲間と一緒に、出版社、レストランバー、ゲストハウス、学校などを経営している。

[official web site] www.ayumu.ch

中川宗典　Hironori Nakagawa

1980年熊本出身。フォトグラファー /SE/ ディレクター /etc...
10年ほど前に、Photoshop を学ぶ過程で嫌々ながら写真を始める。しかし、アナログの面白さや裏切りに感動し、のめり込んでいく。自分が撮った写真で何を伝えるとかではなく、ハッピーな時間や瞬間を共有するツールになれば良いなぁという想いで写真を撮る日々。
沖縄の夏フェス『ブルーラグーンフェスタ』オフィシャルフォトグラファー。

[official web site] www.arlstyle.net/
[Blue Lagoon Festa] http://bluelagoonfesta.com/

DON'T STOP! Movie

Director: Kenji Kohashi

小橋賢児が映画監督デビュー!!

高橋歩の「旅」に触発された俳優・小橋賢児が『DON'T STOP!』の旅仲間として同行。
自ら監督として、この旅を追ったロードムービー『DON'T STOP!』を制作。
まだ、旅は、終わらない。

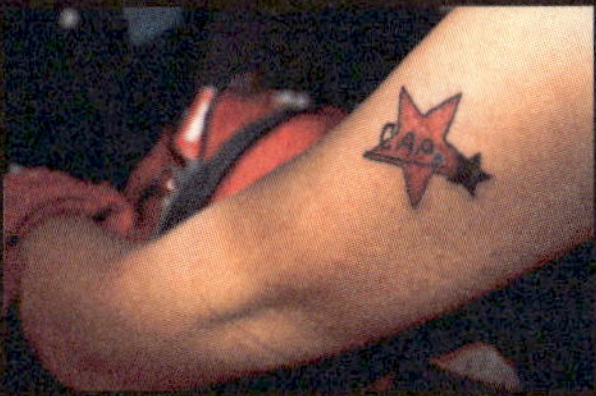

DON'T STOP!

2011年2月25日　初版発行

監修　PLAY EARTH
文　高橋歩
写真　中川宗典

デザイン　高橋実
編集・制作　滝本洋平
A-Works Staff　二瓶明・小海もも子・伊知地亮

発行者　高橋歩

発行・発売　株式会社A-Works
東京都世田谷区北沢2-33-5 下北沢TKSビル3階　〒155-0031
TEL：03-6683-8463／FAX：03-6683-8466
URL：http://www.a-works.gr.jp/　E-MAIL：info@a-works.gr.jp

営業　株式会社サンクチュアリ・パブリッシング
東京都渋谷区千駄ヶ谷2-38-1　〒151-0051
TEL：03-5775-5192／FAX：03-5775-5193

印刷・製本　大日本印刷株式会社

ISBN978-4-902256-33-8